U0603052

斯宾塞的
快乐教育

[英] 赫伯特·斯宾塞 著

成墨初 李彦芳 编译

经典教育

Wuhan University Press
武汉大学出版社

给孩子最快乐的教育

赫伯特·斯宾塞是英国著名的教育学家、哲学家和社会学家，他一生拥有各种荣誉，获得了英、法、美等11个国家的众多著名大学的院士、博士等荣誉称号，后来，他还被提名为诺贝尔文学奖的候选人。

与此同时，赫伯特·斯宾塞还被称为"人类历史上的第二个牛顿"和"社会达尔文主义之父"，备受世人瞩目。

赫伯特·斯宾塞将进化理论"适者生存"应用到了教育领域，并且写出了优秀的教育著作，为指导父母和老师教育孩子，做出了巨大的贡献。

在赫伯特·斯宾塞的教育思想中，"快乐教育"是其中最为有名的教育理念。随着社会不断进步和变化，这种理念越来越为人们所认可，成为教育界一颗价值恒久的宝石。

在人类社会过去的一百年间，斯宾塞的快乐教育思想给欧美国家的父母和老师带来了巨大的震撼和影响，利用快乐教育法，他们培养出了大量的优秀人才，有很多人都成了所在领域的佼佼者。

在教育史上，有很多名噪一时的教育理念，要么如昙花一现，很快消失在人们的视野中；要么因为复杂的条件，导致他人无法复制和模仿。然而，快乐教育的理念却具有很强的普遍适用性，可以为广大读者接受并模仿学习。

哈佛大学校长埃利奥特在评价赫伯特·斯宾塞时说，他是教育思想的引领者，所有的父母和老师都应当学习他的这种思想。而对于融汇了斯宾塞教育思想的教育奇书《斯宾塞的快乐教育》，埃利奥特更是倾力推荐。

《斯宾塞的快乐教育》，与世界流行的"苦学"思想不一样，一直提倡让孩子在快乐的状态下学习。此书出版后，立刻产生了爆炸性的轰动效果。

在争相购买和阅读中，广大父母和教育工作者渐渐发现了书中的奥秘。读者的喜爱让此书成为经久不衰的畅销书，而书中的教育理念也成为公认的优秀教育法。

随着中国社会的发展，我国的广大父母和老师也越来越重视对孩子的教育问题。为了让他们也受到快乐教育的影响，掌握优秀的教育方法，我们特请教育专家编译了此书。

与其他同类书相比，我们编译的《斯宾塞的快乐教育》更具准确性和权威性。由于此书已有百年历史，对于书中被广泛接受的教育观念，我们力求简洁生动地表达出来。

而对于一些中国父母普遍关心的问题，我们进一步进行了阐释，使得斯宾塞的思想更加易于理解。同时，在此基础上，我们还加入了教育专家的观点，使整个问题论述得更加全面和深刻。

在我国，教育一直处在变化中，这就要求父母要掌握更多的教育方法，才能在外界的变化中，让孩子持续接受到好的教育。

阅读《斯宾塞的快乐教育》，也就是在接受一次正规的师范教育和专业的家庭教育培训。要想教育好孩子，父母和老师必须先教育好自己。

这是一本奠定美国百年人才的奇书，也是中国父母教育孩子的神奇教材。在读了这本书后，父母必定可以反省自己的教育方法，用新的眼光看待孩子，发现孩子的可教之处。

从现在开始，认真阅读《斯宾塞的快乐教育》吧。身边有了这样一位良师益友，你就拥有了正确的教育方向、坚定的教育意念，你就能给孩子快乐健康的教育和成长。

contents
目 录

第一章 当孩子来到这个世界

我一直打算写这本关于教育的半自传、半札记的书。想到这件事情我就很高兴，就仿佛在一个明朗的夜晚，在充满美好记忆的小路上散步，情不自禁地思考着关于教育的真理，这一切都让我感觉那么美好和温馨。

我经常告诉自己：我很幸运，在我有限的生命里能拥有这样宝贵的经历，我也深深体会到成就一个生命很不容易，把这个小生命铸就成一个优秀的人更不容易。

很多次我都面临考验，在放弃与坚持中，我还是选择了坚持，也正是因为我选择了坚持，我才会有机会在智慧生涯中收获那么多快乐，这就是我对教育的发现。

我人生中的大半时间都用在了写作上，从天文、地理、生物到心理学、伦理学、社会学，我已经完成了数十卷著作。可是关于教育的思考，我始终没有停止过，也是这种思考让我感觉没有虚度此生。

虽然这种经历的开始很不幸，但是它还是给我们带来了很多思考和启示。因此，我决定就从这里开始。

» 教育从童年的一次不幸开始

我出生在英格兰中部德比城埃克塞特路 12 号，那里几乎就是城市边缘了。我家房子后面的小花园里长满了常青藤，德文特河和小花园之间被一片草地隔开了，而德比城区就在德文特河的对面。

这里的人们都称这个地方为德比小镇，长大后我才知道，是因为这里不但处于城市边缘而且还隔着一条河的缘故，大家才称这里为德比小镇。而我对小斯宾塞的教育就开始于这个小镇。

我的父亲是当地的一名老师，他德高望重，因此也收了很多弟子。而我，是父亲的第一个孩子。除了我的父亲，我的祖父和我的两个叔叔也都是老师。

其实我的兄弟姐妹很多，包括我的妹妹露伊莎和其他的五个弟弟妹妹，只可惜他们在刚出生不久就离开了人世。

父亲经常说："不知道我上辈子造了什么孽，老天为什么要这样惩罚我？"我一直都不觉得是父亲造了什么孽，我觉得父亲是因为不懂育儿知识才会出现这种情况。也是因为家里的这种情况，我一直致力于生理和医学的研究工作。

经历过这些不幸之后，整个斯宾塞家族都非常重视新生儿的养育。

在我的童年里，丹尼·斯宾塞就是我最好的朋友了，他是我的一个远房兄弟。

丹尼是一个手艺很出色的兽医，他为人很忠厚、本分。丹尼结婚那年，我才 25 岁。他的妻子叫萝莉，是我们镇上一位很漂亮的女孩。他们的婚礼是在镇上的教堂里举行的，那天所有斯宾塞家族的成员都参加了他们的婚礼。

那天的天气格外好，就连花草树木也参加了他们的婚礼，伴着鸟儿的歌唱，树儿的招手，在一片祝福声中，他们交换了戒指。那天的一切都显得那么美好。

结婚后，他们过着幸福安逸的生活。没多久，丹尼兴奋地告诉我，他马上就要当父亲了，他问我能不能等孩子出生后帮他教育孩子，我愉快地答应了。丹尼走后，我就开始搜集一些关于生物学和医学方面的资料，然后和丹尼一起分享这些资料。

比如说胎儿的思维是在五个月大的时候发育的，这个阶段就该开始对胎儿进行教育；比如经常听柔和的音乐有利于胎儿的发育；比如孕妇洗温水澡对胎儿发育有利，等等。我们俩开始乐此不疲地研究着，丹尼对这件事情也是相当认真。

终于，孩子出生了。整个斯宾塞家族为之欣喜若狂。婴儿有一双大大的眼睛，很让人喜爱；他的声音响亮，就犹如小喇叭一样。我们都叫他小斯宾塞。

一切都是那么的难以预料，后来这个孩子竟然一直陪着我。那一年，小斯宾塞才两岁，然而不幸却降临在他的身上。那天夜里刮着大风下着大雨，丹尼正好外出给动物看病，被突然到来的洪水卷走了，洪水来势汹汹，丹尼就这样离开了人世。

灾难的突然降临使这个本来很幸福的家庭彻底破碎了。几个月后，小斯宾塞的母亲找到了我，希望我可以照顾孩子长大。离别的那一刻，她的眼里闪烁着泪花。

从此之后，小斯宾塞变成了我们家的一员。我非常喜欢这个孩子，以至于感觉比自己的亲生孩子还要亲。小家伙是那么可爱，那么招人喜欢，他的到来给我的生活增添了无穷的乐趣，使我的生活充满了欢乐。

或许是父亲怕我太忙没有时间照顾孩子，就给小斯宾塞找了一个保姆。其实这个保姆是我的一个远房亲戚，名字叫德赛娜，我并没有怎么见过她。

德赛娜一直住在乡下，小时候没怎么读过书，平时做事情手脚也有些笨拙，但有一点是不错的，那就是她也非常喜欢小斯宾塞，就像我一样喜欢。

这就是我开始研究早期教育的最初原因，或者是小斯宾塞的可爱让我对此产生了兴趣，抑或是作为一个抚养者出于对孩子的责任。

从此之后，我就开始有意识地关注各种教育问题，既有家庭教育，也有学校教育。当然，我也得了解更多英国的教育制度、教育习俗以及与之相关的教育心理方面的常识。

尽管对小斯宾塞的教育是随着时间推移的，但是在这本书中，我将不按照时间顺序讲述，而是针对教育中不同类别的问题作为叙述框架。这样将更有利于清楚地表达自己的教育观点，也更方便读者朋友去理解。

在这里提前告诉大家，在小斯宾塞14岁那年，因为成绩优异，剑桥大学破格录取了他。后来，在他的事业上也相继取得了很多成就。而在生活中，他过得很幸福，富有热情且充满着爱心。曾经他是很不幸的，但现在显然是一个幸福的人。

小斯宾塞也是一个普通的孩子，但他取得了超乎常人的成功，最重要的是，他生活得很快乐、很幸福。

» 肌肤接触的神奇力量

远在小斯宾塞来到我家里之前，我就一直在对一所不大的孤儿院进行研究。后来才发现，正是这项研究奠定了我对儿童教育认识的基础。

这个镇子不是很大，能有所孤儿院已经很不错了。我和这个孤儿院的院长很熟悉，他很善谈。对于我对孩子做研究的事，他一直很支持，这一点让我的研究工作开展得比较顺利。

孤儿院的孩子表现得很怪异，他们所表现出来的症状几乎完全一样：目光呆滞、缺乏兴趣、食欲不振、唉声叹气。尽管院长给孩子们请来了镇上最著名的医生奥尼尔大夫，但结果仍然不是很理想。

我的到来多少给院长带来了一丝希望，他期盼着我能帮助这些孩子们。我很认真地观察了这些孩子很长一段时间，发现他们每天都过得很沉闷，不管发生什么事。他们失去了父母的关照，就像没有浇水的花草一样，已经没有多少生机了。

了解到这一情况后，我做出了一个决定：找一些活泼可爱的小女孩来孤儿院。于是我就跟一些学校的老师联系，让他们班上那些活泼可爱的小女孩每天下课后都到孤儿院玩上半小时再回家。

这些天使般活蹦乱跳的小女孩每天在孤儿院里嬉戏打闹，唱欢快的歌曲，玩有趣的游戏。不久孤儿院的氛围就大大改变了，小女孩们和孤儿院的孩子一起玩耍打闹，他们相互亲吻、拥抱、抚摸，每天快快乐乐地生活着。

两个月后，这里发生了让院长欣喜不已的变化。孤儿院的孩子们不再天天那么沉闷地生活了，他们开始变得眼睛发亮、活蹦乱跳。每天吃的也多了，身体渐渐变得好了起来，孤儿院宛然变成了孩子的乐园。

院长很高兴，问我怎么会用这种方法帮助孩子。我对他说："《圣经》上有一句话，一个父亲追赶自己的儿子，追呀追呀，拼命地搂住儿子的脖颈亲吻。"院长仔细地听着，微笑地点着头。

很多人可能会问，孤儿院的孩子到底得了什么病？我的答案是——皮肤饥饿，这不是一种物质的需求，而是一种精神的安慰，而这种安慰则需要通过亲吻、拥抱、抚摸来传达。如果得不到这种精神安慰，就会变得性格沉闷、体质衰弱。

后来我也对小斯宾塞进行了同样方式的精神安慰，显然结果是很不错的。

在这里我得说明，父母平时要亲吻、拥抱、抚摸自己的孩子，肌肤的亲密接触将有益于孩子身体的成长和智力的发育。可以说，肌肤亲密接触的精神安慰也是对孩子教育的重要部分。

» 别让孩子靠近危险

我一般比较喜欢享受早上的美好时光，自己一个人享受那份宁静。一杯咖啡，一份报纸外加清晨清新的空气，多么惬意的享受啊。当然这一切的前提是不能吵醒德赛娜和小斯宾塞。

我认真地浏览着报纸上的内容，突然，一条《伦敦 3 岁女孩惨遭风扇谋杀》的新闻闯入我的视野中。这是一位母亲在逗孩子玩时，把孩子举了起来，结果发生了意外，孩子被高速旋转的风扇杀死了。

对于一个研究儿童教育的人来说，这条新闻引起了我的警惕。小斯宾塞也处于这个年龄段，特别是对于 1~3 岁的孩子来说，生活中的危险太多太多了。如何才能尽可能减少对孩子的伤害呢？

在接下来的日子里，每每有时间我就开始搜集相关的材料，并对低龄段孩子的生理特征及普遍的家庭生活环境做了一份总结。这些虽然不是广泛意义上的儿童教育，但这是父母可以实施教育的前提，相信谁都希望自己的孩子健健康康地成长吧。

（1）床上的危险。

有这么一个例子，凯利下班回家后去抱自己的孩子，结果孩子没有在婴儿车里躺着。最后，她在睡觉的丈夫的胳膊下找到了孩子，但此时孩子早已经没有了呼吸。

尽管两个人都痛不欲生，但因为疏忽，孩子再也不可能回来了。尽管这种婴儿死亡的比例特别小，但不得不重视。

在这里我得告诉父母们，必须让孩子睡在婴儿车上，在心理上，有利于排除对父母的依赖；在身体上，可以避免意外的发生。

（2）水桶的危险。

小亨利才2岁多，那一天父母在打扫卫生，小亨利自己走到水桶边上玩耍，结果不小心栽倒了水桶里，溺水而亡。

小孩子在刚刚学习走路时，一般都是头重脚轻，很容易摔倒。一定要避免孩子掉到水桶里，防止发生意外。

（3）塑料袋的危险。

英国有一家父母无意间在床上放了一个塑料袋，结果小孩子翻滚时，嘴和鼻子吸住了塑料袋。当父母发现时，孩子已经死了。

乱放塑料袋是很危险的，千万不要在孩子能接触到的地方放塑料袋。

（4）气球的危险。

由于气球具有的特点，对于孩子来说是很容易导致窒息的。不管是在孩子吹气球玩时，还是咀嚼破了的气球时，都存在着潜在危险。因为孩子此时一旦笑了起来，很容易将气球皮吸入气管内，这种后果将不堪设想。

» 父母是孩子最重要的老师

时间过得很快，在小斯宾塞3岁生日时，我叫来了很多人，包括镇上的牧师来为他庆祝。可能很多人并不能理解我的做法，在我看来，3岁意味着开启家庭教育的新的阶段。

在小斯宾塞3岁之前，我更多的是在和他玩耍的过程中，夹带着自己的一些教育意图。而从这一刻开始，真正意义上的家庭教育就要开始了，这对小斯宾塞的成长是至关重要的。

就在小斯宾塞生日的那天晚上，我和德赛娜聊到了一个很普遍的问题。德赛娜对我说，孩子的童年是很短暂的，应该让孩子好好玩耍。至于对孩子的教育，更多的应该是让学校的老师去负责。

　　这一点我可以理解，因为德赛娜只是一个农村妇女。她没有太多的知识水平，每天的家务已经让她感到很疲惫了。

　　然而，对于我这个从事教育研究的人来说，这种想法是不可取的。我的观点是：父母对于孩子的教育是至关重要的。为了让德赛娜更好地理解我的观点，我给她讲了一个很久之前的寓言故事。

　　很多年前，在一个小镇上，有三个人在同一天结了婚。他们都希望上帝能给他们一个聪明、友爱、勇敢、健康的孩子，男孩女孩都可以。他们都是很幸运的，一年后他们家里分别生下了一个小宝宝，生活依旧在井然有序地进行着。

　　然而这三个小宝宝在长大之后却相差很大，他们一起来找教堂的牧师。第一对夫妇说："我的孩子整天充满了暴力，动不动就打架摔东西，家里简直没法过了。"

　　第二对夫妇说："我的孩子太懒惰了，每天躺在床上什么也不做，他也什么都不会做，等我们都不在了，他该怎么养活自己啊。"

　　第三对夫妇说："非常感谢上天的眷顾，我的孩子和我们希望中的一样聪明、友爱，真是我的好孩子啊。"

　　牧师听完后，感慨万千地对他们说："你们的孩子在二十年前都是一样的聪明、可爱，他们让你们感到了自豪、快乐。然而在接下来孩子的成长过程中，你们有的人精心教育照料孩子，而有的人却只是养儿不教儿。"

　　牧师停顿了一下继续说："这就像种庄稼一样，春天时上帝分别给了你们一粒饱满的种子。假如你好好照料、精心培育，等到秋天时就能收获硕果；如果你把种子埋在地里就不怎么管了，全靠天时地利去自生自灭，那么秋天能收获什么就很难说了。"

　　第一对夫妇说："我把孩子送到了最好的学校，为什么还是变成了这样？"

　　牧师严肃地说："孩子教育的第一步不是学校教育，而是家庭教育。你们没有对孩子进行很好的家庭前期教育，基础没有打好，以后的路怎么可能走好？就像盖房子一样，打不好地基，将来房子就不会坚固。"

　　三对夫妇都沉默了，从此他们开始对孩子有了新的认识。

德赛娜显然是听明白了这个故事，对我说："我现在明白了，尽管我没什么学识，但我会尽量去做好的，让小斯宾塞能够更好地成长。"

在我看来，在孩子的成长过程中，父母对其的家庭教育是至关重要的。从小的方面上说，孩子是家庭的一部分，但从大的角度考虑，孩子则是国家和社会的一部分。那么孩子成长的好坏，品行的优劣，技能的生熟对于社会和国家的建设具有重要的意义。

假如培养出来的孩子拥有雄才大略，那么他的行为就会影响一个国家的走向；假如孩子将来有一技之长，那么他对于公司、家庭有很多帮助。这些都是好的表现，一旦孩子没有教育好，没有生存的技能，或者人品道德败坏，那将对社会的发展带来巨大的破坏。

所以说，父母如何教育培养孩子，绝不是一件简单的家庭工作，而是相当有价值的社会性工作。在这里，我希望父母能够更加重视对孩子的教育，使孩子成材成器。

总会有一些"学校主义者"反驳我的观点，他们认为孩子在学校受到的教育才是至关重要的。殊不知学校的教育对孩子的成长而言是非常有限的。

一个孩子的潜质是无穷的、多方面的，而学校更多的只能在技能和品质上予以教导。从时间上来讲，孩子在学校的时间只能占一天中的几个小时而已，还会有更多的时间是在家里度过的。

这就好比种子发芽生长一样，在大家的印象里似乎是白天在吸收太阳光，但谁都知道，夜晚才是种子发芽生长最快的时候。

除此之外，恰当的家庭教育对于形成父母与孩子之间的良好关系是大有益处的。即使是学校的技能教育，有了父母的参与，孩子学习的效果也会大大提高。

» 孩子是反映父母言行的镜子

曾经听到过这么一句话"天国之中，孩子最大"。之前对我而言，这仅仅是一句名言而已。通过对小斯宾塞的教育使我对这句话有了更深刻的认识，也才真正理解了这句话。

一般而言，小孩子开始有意识地对外界进行接触是在 3 岁之后。这个时候的孩子开始有了一定的自我认识，并且会强化这种认识，最突出的表现就是变得傲慢、固执。

这个阶段的孩子还有一个显著的特点——模仿。相信很多家长都注意到了这个问题，孩子会模仿大人的言行举止。

曾经有一次我下班回来，看见小斯宾塞把学习用的法语单词卡片扔的满地都是，他自己则在旁边逗鸽子玩，显然，德赛娜对此已经无能为力了。

尽管我当时已经因为工作很累很烦了，但我仍然拿着卡片对小斯宾塞说："孩子，法语是很好学很好听的语言，你要好好学啊。"

"我要去跟着你修火车，我不学法语。"小斯宾塞对我说。

"等你长大了，有力气了咱们再去修火车，现在你只有学好了法语，将来才能更好地修火车啊。"

"我不喜欢这些东西，讨厌。"小斯宾塞依旧很固执。

"这得慢慢来，渐渐地你就会喜欢上的。"我试图让自己保持平和。

"一点都不好玩，我要逗鸽子玩。"

此时的我实在是忍不住了，冲着他大吼："随你便吧，再也别学啦！"

说完，我就离开了家里。小斯宾塞静静地站在那里，看着我离开，显然是被我的举动吓着了。

慢慢地，我变得平静下来，也感觉到不应该对孩子大声吼叫。孩子如果不愿意用卡片学习法语，强制让他去学也不会有效果。既然孩子喜欢鸽子，不妨就以鸽子为话题给孩子讲讲鸽子的相关东西，中间穿插几个法语单词，效果应该就很不错了。

孩子的这种模仿就像是家庭中的一面镜子，他会随着父母的言行举动而做出不同的反应。后来邻居家的事情再一次证明了镜子理论是确确实实存在的。

有一天，邻居阿德诺来到我的家里，他看起来很不高兴的样子。原来他的孩子成天看上去没有什么精神，似乎不喜欢做任何事，也不打算做任何事。这让邻居阿德诺很担心，但也表示很无奈。

我一听完就知道了原因是什么，就对阿德诺说："你不觉得你平时说话做事也是无精打采的吗？你家里一直都气氛紧张，这还不是因为你的妻子成天大喊大叫造成的吗？孩子在这种环境中，怎么可能很好地成长？"阿德诺听完认真地点了点头。

孩子长时间跟父母生活在一起，就会耳濡目染地学习大人的言行。所以说，与其说是怎么教育好孩子，倒不如说是怎么规范自己的言行举止。

同样的事情也发生在了苔丝身上，苔丝是德赛娜的教友。偶然的一个机会，苔丝跟德赛娜讲到了自己的女儿，恰好当时我也在场。

苔丝的女儿在学校的学习成绩一直都很棒，为此苔丝还经常被邀请到学校做发言。苔丝说："我一直觉得我的女儿各方面都挺优秀的，但是我最近发现她的一些表现很让我担心。女儿跟同学相处时很尖酸刻薄，对成绩不如自己的同学很鄙视，更容不得别人比自己优秀。"

我听完，把目光转向了德赛娜，据我从德赛娜那里的了解，苔丝女儿的这些性格、缺点毛病和苔丝如出一辙。于是我微笑着对苔丝说："这倒是，孩子的表现还是有很多跟父母很相似的。"

接下来，我跟苔丝讲了讲镜子原理对孩子的影响，苔丝也觉得很有道理。在以后的日子里，苔丝努力去改变自己，而她的女儿也随之发生了改变。

如何把孩子教育好，关键不在于教育孩子，而在于如何教育自己。在我们上过的学校里，从来没有讲述过应该怎样去教育孩子，但几乎我们所有人都会面临教育孩子的问题，那么更多的只能是现身说教了。

几乎所有的父母都认为教育孩子是一件相当重要的事情，他们都深深地爱着自己的孩子，只会盼着青出于蓝而胜于蓝。

如果说教育孩子仅仅是靠学校教育来实现，其实多数家长都不太赞同。大家都明白孩子在学校接受的东西更多的只是知识，这只能是教育的一部分而已。除此之外，即使再好的学校教出孩子的优秀率也不可能是100%，那么谁也不希望自己的孩子是那没教好的一部分。

孩子成长的好坏、品行优劣、技能生熟对孩子的一生来说具有着重大的意义，而父母在这方面也有义不容辞的责任。那么作为父母，就很有必要学习了解一些教育子女的知识，而不是凭借着所谓的习俗和一些老年人的建议来进行教育。

且不说是教育孩子了，哪怕是牧场里饲养的动物，相信饲养员也是要学习相关的知识。更何况是自己深深喜爱的孩子呢，岂不是更应该好好学学？

对于一个商人而言，需要了解商业规则和会计核算；对于一个医生而言，需要病理分析和了解药物特性；那么对于父母来说，则需要了解孩子的身体、道德、心智。

相信有充足准备的父母们，一定可以把自己的孩子培养成很优秀的人才。每当别人提起自己的子女时，内心总会有难以压抑的自豪感。

» 给孩子提供最好的一切

在斯宾塞家族中一直有两句广为人知的谚语：每一件善行都不会被忽视，每一点努力都会有所收获。就是这么两句传说中的谚语，真的在现实生活中应验了。

我所居住的社区领导打算办一次交流会，主题是关于家庭教育的。那个周末我也被邀请去交流会上做发言，当然了，负责发言的还有很多是当地的教师。这对我来说是一件很光荣的事情，因为我是个火车机车工程师，如今却可以和老师们探讨教育问题。

交流会举办的地点在一个小院子里，里面种着很多花草，环境清幽闲适，看了就让人舒服。交流会上，大家都肯定了我这些年在家庭教育方面所做出的努力，也有很多人出于现实的处境，提出了自己的观点。

"咱们这个小镇地处偏远，多少年来都没有出现过有学问的大人物。坦白地说，在家长中，除了牧师和像您这样的火车修理工还有些文化，更多的是平凡的诸如种地的、卖货的小人物，这让我们怎么去把孩子教育成出色的人才？"这是铁匠汤姆逊的观点。

说实话，我也很能理解汤姆逊所说的现实情况，然而这并不是我可以赞同的。面对交流会上的突然情况，我果断把发言的主题改成了"给孩子最好的"：

"我知道，咱们大多数人都是平凡的小人物，但这丝毫不会影响孩子能成为大人物。历史上很多的伟人都出身卑微，所以我们并不能因此而丧失了教育孩子的信心。

"父母与孩子之间的交流其实就和体育场上的接力比赛是一样的。我们已经在事业上走到了接力赛的后期，但是孩子的征程才刚刚开始。社会如赛场一样变化莫测，孩子到底能走多远，能取得什么样的成绩还都是不可预知的。

"咱们就拿汤姆逊先生来举例子吧，汤姆逊在这个小镇上打铁快一辈子了。你确实没有多少文化，但是你也有自己的优势，比如你的坚韧，你的细心，你的热情，还有你那层出不穷的小点子。

"假如你能把你的这些优点，转化成赛场上的接力棒，继而传递给你的孩子，那么他就有可能取得非凡的成就。或许成为一名出色的政治家，或许成为一名冶金大师。学校教授的更多的只是技能，而家庭给予的则是品行和性格。

"尽管我们一生并没有积攒多少财富，也没有学到多少知识，但是我们从生活中积累了很多品质和经验。如果能把这些哪怕很微小的东西赋予给这些新的生命，谁又能预料得到孩子的未来呢？

"其实我们自己也是这么成长过来的，曾经自己的父母在我们很小很小的时候传递给我们的善行和努力，至今我们还是记忆很深刻。小时候给孩子传递优秀的品质，就会让孩子收获很多很多。

"给孩子一个好的开始，即使哪怕只有一丁点。

"给孩子一个好的开始，完全可以与金钱、地位无关。

"给孩子一个好的开始，千万不要让不好的品行影响孩子。

"田野里，秋天我们能看到的硕果累累，源自于春天我们的辛勤耕耘。为孩子播种下一颗优质的种子，至于秋天收获什么，就让我们拭目以待。"

这一席话显然让在座的很多人感触颇多，也让很多为自己没文化而自卑的人找到了教育孩子的希望。汤姆逊先生十分赞同地点着头，可以看出他脸上露出了希望的笑容。

第二章 快乐教育拥有神奇的力量

» 在快乐中进行教育

大概在小斯宾塞四五岁那段时间，镇上的很多家长总是为了孩子的教育问题而苦恼，他们都很羡慕我对小斯宾塞的教育。因为他们教育孩子的过程中充满了哭声和骂声，而我给小斯宾塞的教育却是在快乐中进行的。

当然了，我对小斯宾塞的教育也出现过不愉快的时候，但就整体而言，在整个教育的过程中，快乐的时候要远远多于苦恼的时候。在我看来，运用快乐的教育方法和培养快乐的教育氛围要比其他的方法有效得多。

为了对孩子进行有效的音乐教育，那年夏天我让德赛娜用我平时节省下来的钱去买一架脚踏风琴。当风琴买回来后，我就让小斯宾塞尝试着去使用这架风琴，开始对他进行快乐教育。

我告诉小斯宾塞这架风琴非常好玩，下面的踏板是用脚踩的，上面的黑白琴键是用手弹的。只要小斯宾塞手脚并用，风琴就会发出歌声。如果小斯宾塞能够运用 7 个音符的法则，就可以让歌声变得更加好听。

第一天的效果是非常好的，小斯宾塞兴高采烈地在风琴上不停地弹着。有时发出高音，有时发出低音，那个下午，对于小斯宾塞而言是快乐无比的。

然而不久之后就出现问题了，德赛娜对于小斯宾塞毫无节奏的琴声越来越受不了了，她每天都显得很焦急和不耐烦。

没过多久，德赛娜对我说："一首简单的曲子，小斯宾塞已经学了很多很多遍了，但是至今弹得还是没有什么节奏感，我觉得他对音乐完全没有天赋，这样的日子简直太煎熬了。"

我对德赛娜说："这说明我们现在的教育存在问题，不能让孩子在紧张、痛苦的气氛中学习，音乐是让人快乐的，痛苦反而学不好音乐了。"

德赛娜对于我的回答显然有些不愉快："我反正是没办法了，你自己亲自去教教这孩子吧。"

那天晚上吃饭的时候，我对小斯宾塞说："亲爱的，我今天听到一首特别好听的曲子，忘了叫什么来着，就是你也会弹的那首。"

"《林中仙子》。"小斯宾塞迅速回答了我。

"对对对，就是这首曲子，听着特别棒，你能给我弹一次吗？听着一定会很舒服的。"我高兴地对小斯宾塞说。

可是小斯宾塞摇着头，于是我继续说："那太可惜了，这么好听的曲子。"

小斯宾塞犹豫着说："要不我试试吧，可能弹得不好听。"

紧接着，小斯宾塞就跑着坐到了风琴上，琴声响起，听着很有节奏，轻重缓急恰到好处，美妙的曲子一直飘荡在小屋里。而这一切都让德赛娜很是意外，她没想到小斯宾塞竟然真的能弹出这么好听的琴声。

我一直认为，对孩子的教育千万不要呵斥和指责。在不愉快的氛围中学习，效果是非常差劲的。教育的目的其实就是让孩子过得幸福快乐，那么在这个教育的过程中，也应该让孩子感到快乐。

试想，如果一个孩子回忆起自己的教育经历总是充满了痛苦，那么他的人生又怎么可能变得幸福呢？

情绪对孩子的学习来说是至关重要的因素。在快乐的氛围中学习，孩子的大脑会处于一种兴奋的状态，这对于记忆来说是非常有利的；在紧张、苦恼的氛围中学习，孩子的信心和记忆力都会被大大降低，那么教育就很难取得效果了。

孩子是一个家庭的未来，也是一个国家的未来，假如孩子是不快乐的，那么这个家庭就没有希望，这个国家的未来也是堪忧的。

对于小斯宾塞而言，那首为我弹奏的《林中仙子》成了他快乐学音乐的第一次。在之后的日子里，我每次回家总是想听听小斯宾塞新学会的曲子。每当他弹奏时，我就很认真很认真地听着，有时跟着节奏哼唱着，这种肯定的暗示让他很受鼓舞。

就这样，小斯宾塞的风琴弹得越来越好，后来还经常被请到公共场合去弹奏，再后来小斯宾塞就开始自己写曲子了。有一首曲子我的印象比较深刻，叫《感恩节的礼物》，被很多的乐团演奏着。

尽管这种学习是快乐的，但是也不可否认，音乐老师对小斯宾塞精准而长期的训练也是至关重要的，毕竟音乐同数学一样，要求也是很严格的。

其实大多数的孩子在小时候天赋都是差不多的，能否教育成材关键就在于教育的方式，而快乐的教育在这其中发挥着重要的作用。

如何对孩子进行快乐教育呢？我觉得可以按以下的几点去做：

（1）当你生气或者烦恼的时候就不要再教育孩子了，因为你一旦难以控制自己的情绪，就会很容易影响到孩子的情绪。

（2）当你发现自己的孩子不是很开心时，就不要再强迫他学习了，这样做不但学习的效果不太好，可能还会形成抵触的心理。

（3）工作下班之后，不要把工作的不愉快带到家里，要在家中培养形成一种快乐良好的氛围，最好能和孩子有一些经常性的互动或者游戏。

（4）每一个人都有优点和缺点，家长首先要做一个乐观的人，多看到孩子的优点，多夸奖鼓励，不要抓着孩子的缺点不放，不完美才说明孩子是正常的人。

» 和孩子一起大声歌唱

克鲁斯一家算是我们这个小镇上很严谨的家庭了。克鲁斯一家总是在为他们的缝纫店忙活着，因此很少和镇上的其他人接触。可是他们却很重视去教堂的事情，每一个周末他们都会带着小女儿去教堂祈祷，从没有缺过席。

前几天，和克鲁斯太太聊天的时候，她说她一向很重视女儿的学习，虽然她每天都很忙，但是她还是会监督女儿完成作业的。

她还说，女儿每次回到家里，都会学习学到很晚，这对于一个上五年级的孩子来说，已经是表现很不错了。可是，她很不明白，为什么女儿的成绩一直上不去。

我沉思了一会说："孩子平时有什么爱好吗？比如她喜欢唱歌吗？"

"好像她没有什么爱好，也从来没有听到过她唱歌。你为什么这么问呢？"

"我是想知道孩子是否快乐。你想想，在你年轻的时候，你是不是喜欢唱歌？在你唱歌的时候，是不是你也很快乐？可是为什么孩子从来不唱歌呢？以后，你要试着让孩子和你一起唱歌。"

不久，我就听说克鲁斯太太和女儿每天都会一起唱歌，而且她们还唱得很好。

后来，克鲁斯太太又来我家玩了，这次她看上去比上次高兴多了。她悄悄地告诉我："这段日子，我和女儿过得都很开心，让我惊奇的是，女儿的成绩比原来好了很多，真是太感谢你了。"

其实事情很简单，我只是用了一种唱歌的方式，让克鲁斯太太和女儿更放松一些，更快乐了一些而已。

和孩子一起唱歌的好处真的很多，它可以缓解孩子学习的枯燥和烦恼，还可以让孩子感觉到音乐和生活的美丽，最重要的是，这样可以让孩子对生活充满了憧憬和信心。

我们经常在工作的时候唱歌，洗衣服的时候唱歌，无聊的时候唱歌，就连小鸟们也经常在森林中唱歌，孩子为什么不可以大声唱歌呢？其实在我们唱歌的时候，会释放很多烦恼和郁闷，同时也让自己的肺部和腹部得到了运动。

我觉得唱歌真的有很大的好处，所以我经常把这种方法和别的家长分享，当然我自己也经常和小斯宾塞一起唱歌。有时候，我们唱得很入神，很开心，我觉得这是一种很轻松的教育方式。

» 从小事入手增强孩子的自信

在镇上，我常常会听到很多人抱怨说："为什么孩子那么不争气，现在我对自己的孩子都没有信心了。"

我觉得孩子的教育绝非一朝一夕的事情，这是一项特殊的工作，它的战线很长，常常让我们觉得自己的付出得不到收获，所以，会有很多人在这个过程中有种失望的感觉。

那我们怎样才能在这个过程中快乐一些呢？首先我们要把想教给孩子的东西分一下类，例如：

● 习惯。
● 语言。
● 身体健康。
● 数学运算。

做完这些之后，你还需要制订一个每周教育计划，并且按时完成计划。每完成一周计划，你都会有一种成就感，这种成就感将会是你实施下一周教育计划的动力，这样就形成了一个良性循环，在这个过程中你会经常体会到快乐。

就拿小斯宾塞来说，可能是我的教育方式的原因，他从小就很随便。可是眼看着离上学的年龄越来越近了，我就计划着培养他一种绅士的习惯。

我是从生活中的小事着手的。每天早晨，我们都会一起整理自己的内务，然后我们要进行评比，看看谁用的时间最短，谁整理得好。我们也经常比谁洗的衣服干净，谁把自己房间收拾得漂亮。

刚开始做这些事情的时候，小斯宾塞很兴奋，也很投入，可是后来，他就不乐意跟我比赛这些事了。于是我就在客厅里放了一块玻璃板，在上面写上了我们两个的名字，如果谁做得好，就在谁的名字后面贴上一朵小红花。

小斯宾塞知道后又有了兴趣，从此之后他一直很注意自己的生活习惯，比如他每次起床后，总是很快把内务收拾得很干净利索，生怕自己得不到小红花。

就这样我们两个坚持了 3 个月，小斯宾塞对于生活上的这些事情已经形成了习惯。我再也不用去关心他在这方面的问题了。

他经常在外面和别的孩子玩耍，每天回到家里衣服上全是泥土，可是每天一到家，他就会换衣服，然后自己很主动地把脏衣服洗掉。所以，我从来没有阻止过他出去玩，我只想让他去尽情地享受自己的童年。

其实也在培养习惯中，小斯宾塞的身心也受到了锻炼，各种的活动使他更加懂礼貌，使他的身体也更加强壮了。

做父母的，在培养孩子的过程中也会得到意想不到的快乐。当时我为了培养小斯宾塞的绅士习惯而采用的那些方法，后来，在镇上也流传开了，几乎每家每户都准备了一块玻璃板，也准备了小红花，以此来调动孩子的兴趣。

有一位大教育家也极力称赞这种方法，他还说希望有一天能把这种教育孩子的方式发扬光大。

第三章 进行快乐教育所需的教具

» 用卡片了解孩子的内心想法

很多家长在孩子的教育问题上不知所措。孩子到底是怎么想的呢？孩子会面临什么样的困难？其实孩子的内心是丰富多彩的。

当然，他的内心也会有许多关于他的"秘密"，我们需要给孩子机会，让孩子时不时地敞开心扉，去释放一下，吐露一下。如果孩子一直得不到释放，那么，总有一天，他会爆炸。

我也很想知道小斯宾塞的内心到底在想些什么。我觉得这也是我是否能快乐教育孩子的关键。于是我就自己精心设计了一种纸牌，这种纸牌只有 12 张，而纸牌的上面没有任何数字，只写了一些文字。

有一天晚上，我问小斯宾塞："咱们来做一个游戏，好不好啊？"

"好啊，好啊。"小斯宾塞一口答应了。

"我们玩剪子石头布的游戏，谁输了，谁就从这些纸牌中随意抽出一张牌来，回答上面的问题，好吧？"

"没问题。"

这 12 个问题是这样的：

● 说出你最自豪的一件事。

● 说出你最伤心的一件事。

● 说出你最想得到的一件东西。

● 你对现在的自己满意吗？

● 跑步十分钟。

● 说出你讨厌的一个人。

● 给你喜欢的人一个拥抱。

……

　　我们很开心地玩着，第一次是小斯宾塞输了，他满怀期待地从 12 张卡片中抽了一张，卡片上的问题是让说出自己最伤心的一件事。小斯宾塞说："我最伤心的一件事情就是我经常会梦见一个怪兽，我总是在梦里拼命地挣扎，可是怎么也打不败它。"

　　他第二次抽到的问题是：对自己身边的一个人进行评价。他说："我觉得凯勒太太很不招人喜欢，他一点也不懂得尊重别人，总喜欢在公众场合说我是书呆子。"

　　后来，就轮到我抽卡片了。我抽到的问题是我最想做的三件事是什么。我认真地说："我希望小斯宾塞能够快乐地学习；希望小斯宾塞能够体会到自助教育的好处；还想让他的身体和心智都能够健康地成长。"

　　我知道小斯宾塞听不懂我说的话，但是至少他知道那是爱他的表现，听完我的话之后，小斯宾塞露出了可爱的笑容。

　　在这 12 张卡片的帮助下，我知道了许多关于小斯宾塞的"秘密"。当小斯宾塞抽到第一张卡片，说出自己最伤心的那件事后，我告诉他："宝贝儿，你晚上梦见的一定和你白天想的东西有关。你白天是不是遇到什么害怕的事情了？遇到咱们镇上的那个疯子了吗？"

　　小斯宾塞说："没有。就算真的遇到了，我也不害怕他。只是我们班有一个很凶的同学，我们都很怕他。每次我放学回家的时候，他总是恶狠狠地看着我，还用口水吐我，我一直都很害怕他，所以每次都躲着他走。"

　　我轻轻地摸着他的头说："宝贝儿，怎么以前你没有给我说过啊？只要说出来了，你的害怕就会消失的。你知道为什么那个同学看起来很凶吗？"

　　小斯宾塞用一双很好奇的眼睛看着我，然后使劲地摇着头。

　　"因为他的妈妈去世了，他现在跟着奶奶过呢。他其实很害怕别的同学会因为他没有妈妈欺负他，所以他表现得有点凶。其实他也是一个好孩子，等你什么时候有时间了，咱们一起去看看他好吗？给他送点好吃的，他挺可怜的。"

小斯宾塞的眼睛里顿时充满了怜爱，他冲我很认真地点了一下头。

在小斯宾塞抽到第二张卡片，并且对凯勒太太做出评价后，我告诉小斯宾塞："宝贝儿，我也觉得凯勒太太的做法不对。如果以后她还是这样说你，你就告诉她，说这样伤人的话是不对的。"

那天晚上，我和小斯宾塞一起打扫了一下他的卧室，我故意打开了他卧室的窗户，给他换上了一套新的被褥。小斯宾塞很高兴地睡着了。

第二天早上，小斯宾塞兴冲冲地跑到我的屋里，他说："我昨天真的没有梦见怪兽。"

类似这种卡片的游戏，我经常和小斯宾塞做，有时候，他会带着他的同学一起过来做游戏。

让我惊讶的是，后来 12 张卡片的游戏在小镇上也流行开了，人们还在卡片上写着脑筋急转弯，读课文之类的话题，当然，这样小卡片会发挥更大的功效。之后，很多国家都开始玩这种游戏了，人们还给游戏起了一个名字，叫作"小斯宾塞卡片"。

» 利用风铃学习词汇

凡是来过我家的人，都知道我家有一种很特别的风铃。这种风铃是用小斯宾塞用完的笔芯和各种形状的小纸片穿起来的。在纸片上，写满了小斯宾塞学过的或者感兴趣的单词，而纸片的形状都是他喜欢的一些数学图形。

在小斯宾塞的卧室里，在我们的客厅里都挂着这样的风铃。

其实这个风铃是我教小斯宾塞语法的工具。他刚开始学英语的时候，我在风铃上挂的是一些很简单很常见的单词。像早上、晚安、吃饭、牛奶，等等。等他有一点英语基础了，我就在纸片上写一些儿歌或者一些名人名句。

那段时间，小斯宾塞最快乐的事情就是对着风铃说话，他经常拿着上面的一些纸片说一些单词的名字，听他流利地说单词的时候，我总是美滋滋的。

过了一段时间，小斯宾塞就想自己设计纸片，自己往上面写单词，我当然很爽快地答应了。

小斯宾塞很轻松地学习了法语和拉丁语。他遇到自己不会的单词，就问我，我会很愿意告诉他，因为我知道，每次我告诉他的单词，他都会记得很牢，如果让他自己去查字典，反而会减弱他对语言的兴趣。

在我小时候，我的父亲没有要求过我学习别的语言。父亲一直是一所很有名气的学校的校长，大家都很敬佩他。在他的教育观里，没有关于词汇的学习，只有关于事物的教育。因此，在我很小的时候，就开始学习事物了。

从小我就很喜欢一些花草树木，对小动物也很感兴趣，基于这方面的学习，也让我有了意想不到的收获。

在我12岁以前，我的逻辑思维能力比一般的孩子都要强很多，只是阅读能力相对较差一点。也正是因对事物的这种浓厚的兴趣，让我在医学、心理学、教育学、哲学等领域都有所发展。

相对而言，小斯宾塞要比我幸运的多。我让他学习事物和语言，而学习语言的工具，就是我们家里挂着的风铃。

无论做什么事情，小孩子总是坚持不了多久的。就拿他们学习这件事情来说吧，我们总是希望他能够在那里安安静静地写作业，而且希望他学习得久一些。可是孩子却总是坐不住，他一会跑到那里去拿个东西，一会跑到这里来喝口水，而且一点也不安静。

其实，这就是孩子的天性，小孩子在任何一个事物上的兴趣都不会很长久。世界那么丰富多彩，对于一个幼小的生命来说，一切的事物都是那么的新鲜，他又怎么能坐得住呢？

不过，我们也不用太心急，总有办法解决孩子的问题。小斯宾塞学习语言的时候不就是很乖吗？他整天和风铃在一起，渐渐地，他开始习惯了读风铃上面的卡片，习惯了回忆风铃上面的单词，当学习成为了孩子的一种习惯，那我们就不用再发愁了。

我越来越觉得风铃是一种很好用的学习工具，每当小斯宾塞学习了新的知识，我都会给他写在风铃的卡片上。就像给孩子一个鱼竿，让他自己学会钓鱼的本领一样，父母对于孩子的教育就该是这样。

这种学习方式很快就流传开了，很多家庭把风铃当作孩子的学习工具，听说，部分学校也开始用风铃了。

» 种植植物开始体验式学习

父亲所在那所学校一直以学习事物为主，让我也从中受益匪浅。小斯宾塞学习的第一个事物是植物的种子。

在一个明媚的春天，我拿着一个神秘的盒子走到小斯宾塞的面前说："你知道里面是什么吗？这是我给你准备的礼物，如果你猜对了，我就送给你。"小斯宾塞的眼睛里充满了好奇，他迫不及待地说："是糖果吗？"我摇摇头。

"巧克力？衣服？薯片？"他说。

"都不对，这样吧，我提醒你一下，这是一种有生命的事物，它每时每刻都在变化着，等时间久了，它还能变出一些其他的东西。"我笑着说。

小斯宾塞连忙夺过我手中的盒子说："是什么神奇的宝贝，快让我看看。"

打开盒子后，他才知道里面装的是植物的种子，这些种子有大的有小的，形状也不一样。我说："怎么样？喜欢吗？只要你好好照顾这些种子，它们一定会带给你惊喜的。"

小斯宾塞已经等不及了，他拉着我的手，我们跑到了后花园，开始了我们的耕种工作。小斯宾塞很认真地翻着土，翻好后，我们就把种子撒到了土地里。就连撒种子，小斯宾塞都很有条理，他把西红柿、莴苣和青椒都分开种了。

最后，我们又给这些种子盖上了一薄层土，并且给这块地取了名字——"小斯宾塞的农园"。

直到天黑，我们才忙完。虽然我们衣服上全都是泥土，可我们还是很开心。

以后的每一天，小斯宾塞都会去土地上看看那些种子的变化，可是种子和泥土好像都很安静，从来都没有动过。小斯宾塞终于忍不住来问我："那些种子真的能长出东西来吗？为什么它们现在一点动静都没有呢？"

我摸着小斯宾塞的头，告诉他："宝贝儿，种子是需要时间的，就像你一天天长大需要时间一样。耐心等待吧！"

有一天，我刚走到家门口，小斯宾塞就从家里冲出来一把抱住我说："它们钻出来了，它们真的钻出来了！"我被小斯宾塞拉到了后花园，果然，它们发芽了。

我觉得我这样做，会让小斯宾塞的成长经历更丰富一点。自然界许多的事物都是息息相关的，比如这次的经历，会让他懂得植物的发芽和长大都需要漫长的时间，他会学会等待这个过程。

对于小植物在成长的过程中都需要什么养分，为什么需要，小斯宾塞都很明白。这也为他后来做关于植物学的研究打下了基础。

我觉得让孩子早些接触事物，学习事物，对他心智的开启有很大的好处。也只有这样，才能让孩子学会思考他身边的人和事，学会思考身边一切事物之间的联系。

让孩子去亲身学习一种事物，是孩子一生的财富，没有任何的书籍能够代替亲身体验，也只有去亲身体验过了，才会引发他更多的思考。

在我对人类社会的认识中，尽管这个世界上有很多很多的职业，但是这其中最根本的还是农业。不可否认，在目前英国的经济中工业是处于主导地位的。

不管其他行业如何发展，都无法取代农业与生命的密切联系，从事农业劳动就是一个展示生命的美感和智慧的过程。

在孩子的教育过程中，工业能给孩子进行知识性、技术性的教育，可以把孩子培养成一个有能力的社会人。然而农业则是对孩子的心性进行培养，是对生命的感知与体验。这或许就是《圣经》中有很多道理都是通过植物来展示的原因吧。

此刻这些已经不再是简简单单的植物种子了，对于小斯宾塞而言，它们是开启自己"研究"工作的钥匙。在此之后，小斯宾塞自己查阅钻研书籍，收集植物标本，慢慢地写下了厚厚的一本植物学笔记。

教育绝不仅仅是在教室里进行规规矩矩的严肃教育，更多的应该是对人性本真的自然教育和自助教育。

所谓的自然教育和自助教育，就是开发孩子的兴趣，孩子本能上对新鲜事物持有好奇心，当我们用自然界的一草一木去启迪孩子的探究兴趣时，孩子就能够自我去索取知识了，而不再是灌输性的教育了。

» 让孩子练习画地图

前几天，我的一个大学老师找我聊天，他觉得有必要在大学开设一个关于地图测绘专业，想听听我的想法。我说，我觉得这个想法很棒，我相信社会也需要这方面的人才。

为了提高小斯宾塞的综合能力，我精心设计了第二个教学工具——地图纸，这些纸很厚，即使孩子反复擦写，纸也不会破。我经常和小斯宾塞一起在图纸上面画一些山山水水，还有一些美丽的城市。

我和小斯宾塞的绘画能力不是太好，我们就用一些符号来代表我们想画的事物，比如用折线代表大山，用波浪线代表河水，等等。

有一天，我告诉小斯宾塞，我想去一个美丽的城市，但是不知道去哪个城市好。小斯宾塞很认真地给我介绍了几个城市，还给我讲了各个城市的特点。我装出一脸委屈的样子说："可是，无论去哪个城市，我都不知道该怎么走。"

小斯宾塞顿时也不知道该怎么办了，但他又连忙安慰我说："我可以帮你，不要难过了。"

"你怎么帮我啊？你又没去过。要不，你给我画一张地图吧！"

小斯宾塞立刻就答应了。他趴在桌子上一动不动，等他把这张地图给我的时候，我愣住了。

如果拿着小斯宾塞的这张图纸去旅游的话，你肯定找不到路的，可是小斯宾塞的观察力和记忆力却好得惊人，在他的图纸上，每一条河流，每一栋楼房，每一个超市都画得清清楚楚。

看完他的第一张地图，我告诉小斯宾塞："宝贝儿，你的地图太棒了，每一个事物都那么清楚，只是，看了你的地图，我不知道方向啊。"

听到这些，小斯宾塞自己也着急了，他从我手里拿走那张地图，自己认真观察着，然后又趴在桌子上认真地画着。过了一会，他又把地图给我了。

我惊呆了，小斯宾塞在每一个十字路口都标上了向右拐，向左拐之类的话，我告诉他，他做得很好，只是这样太麻烦了，一般在地图上都会规定上北下南，以后等他再画地图的时候就要按这样的方向去画，这样就会画得更快了。

之后，我经常带着小斯宾塞出去玩，不管我们是去远的地方还是近的地方，等回到家里，小斯宾塞都会画一张地图。他还会在地图上标上他在那个地方所发生的事情。渐渐地，小斯宾塞的地图竟然和一本书一样厚了。

小斯宾塞通过画这些地图，提高了自己的观察能力、思考能力和写作能力。

学习的过程，实际上就是一种观察能力和表达能力的体现。每个孩子生下来就具有这样的潜力，只要我们去用心开发，就会有很大的收获。

孩子平时的写作是一种表达，而画地图同样也是一种表达的方式。只是我把它融入到了地图当中，会给孩子带来很多的兴趣和直观感。同时，还会提高孩子的空间能力和方向感。何乐而不为呢？

从孩子画地图的过程中，还能看到孩子自身的性格特点。如果孩子在地图中，把每一个事物每一个细节都画得很详细，说明孩子的形象思维能力很好；如果孩子在地图上，把方向标得很明显，说明孩子的抽象思维能力很棒。

无论如何，这样的教具确实让我受益很大，这些地图也成为了小斯宾塞成长的一个见证。

» 用跳格游戏教孩子学数字

用什么来做教具不重要，能让孩子在快乐中学习才是目的。

从教育的另一个角度来看，教育就是让孩子的身体和心智更加完善，让孩子能够更好地适应生活。就像老鹰让小鹰自己飞行，就像小熊猫和大熊猫玩耍一样，都是为了很好地锻炼小鹰和小熊猫的本领。

小斯宾塞从小就对数学很迟钝，这个问题让我很懊恼。于是我就给他设计了一种数学游戏。

我们会自己画一个房子，然后把 1 到 9 这几个数字写在方格里，接下来我们就可以玩游戏了。刚开始我们的规则很简单，我说数字，小斯宾塞去跳，然后他说数字，我去跳，说哪个数字，就在那个数字所在的方格里跳几下。

很快，小斯宾塞就对数字有了很深刻的理解。后来，我们就开始在房子里玩关于数字加减的游戏，再后来，就开始玩关于乘法口诀的游戏。每次小斯宾塞都学得很快，也很喜欢玩这个游戏。

他对数字的认识以及他的加减法和乘法口诀就是这样愉快地学会的。到后来他上学后，对于这方面的知识一直学得很好，特别是数学中的应用题，他会很快理解题意，然后很快算对。

我经常想："孩子的教育，真是一件奇妙的事情。"

小斯宾塞渐渐长大了，他小时候的那些教具已经用不着了，他会根据自己所学的知识，制作自己需要的学具。

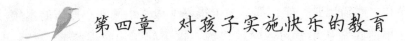

第四章 对孩子实施快乐的教育

» 孩子越快乐，学习越有效

在小斯宾塞成长的过程中，我的教育方法取得了很好的效果。后来，很多邻居和朋友都会来家里请教教育方法。他们普遍问的问题就是：该怎么教育孩子。

于是我就把关于教育的这些问题加以总结和概括。

要想使教育取得良好的效果，就必须把握好孩子的学习状态。通过我对心理学的研究和我对小斯宾塞教育的经历告诉我，在孩子高兴的时候让孩子学习，这样的效果才是最好的。

当然，很多学校和家长根本不能理解这样的观点。在他们的概念里，只要孩子在那里端正地坐着，安静地看着书或者写作业就是在认真学习。孩子玩耍或者看课外书，他们就会觉得不务正业。我觉得这样想的人，陷入了教育的一个误区。

这样一味地让孩子机械似的学习，会抹杀孩子的学习兴趣，也会埋没孩子的个性，并且在学习上更不会取得好的结果。

我带着孩子们去德文特河边玩的时候，曾经做过这样一个实验。我把孩子们平均分成了两组，并告诉其中一组的孩子说："一会儿我一吹口哨你们就往教堂里跑，有一对新人正在那里办婚礼，谁先跑到教堂谁就最有可能分到喜糖吃。"

我告诉另一组孩子说："一会儿我一吹口哨你们就往教堂里跑，谁跑得慢，我就会惩罚他。"

随着口哨的吹出，孩子们飞快地向教堂的方向跑去，从河边到教堂是一段很远的路程。结果，第一组孩子大部分都跑到了教堂，而第二组的孩子们，大部分都没有坚持下来。

从这件事情就可以知道，第一组孩子把这次奔跑当成了一种快乐，他们在很高兴地跑，而另外一组孩子把奔跑当成了一种要求，他们是在被威胁下才去跑的。

孩子其实很容易去满足，一件小小的事情就会让他们开心一整天。而我们的教育就是要在快乐中进行。绝对不能采用威胁甚至恐吓的手段，那样只会让孩子厌恶学习，取得糟糕的效果。

» 兴趣让孩子快乐学习

每一个孩子都会有自己的爱好和兴趣，当他们的这种爱好或者兴趣产生的时候，就是我们进行教育的最佳时机。

比如一个 4 岁的小孩，可能会对一条鱼有很强烈的好奇心。

那么你正好可以在这条鱼上面做文章。比如你可以问问孩子："鱼为什么可以生活在水里？它是怎么呼吸的呢？"

比如你带着孩子去图书馆看书的时候，孩子特别喜欢某本书的插图，可是孩子不认识书上的文字，你就可以趁机把书中的故事读给孩子听，但是不要读完，读到孩子最感兴趣的地方就找理由回家，然后把那本书买下来送给孩子。

相信回到家里，孩子就迫不及待地想知道故事后来发生了什么事情，正好你可以告诉他，让他自己去读，你没时间，不过如果孩子遇到不会的字可以随时来找你。这样孩子就会很愿意去读书，无论孩子的阅读能力、识字能力，还是理解能力，都会有很大的提高。

而孩子能自己把剩下的故事读完，他自己也会有很大的成就感。所以，兴趣是最好的老师，调动孩子的兴趣，会取得意想不到的效果。

» 多给予孩子一些鼓励

用心观察的家长会发现，我们对孩子越严厉，孩子就越不听话。有的家长甚至用呵斥、威胁的方法来让孩子学习。可能孩子当时按照你的要求做了，可是他的内心是很不情愿的，这样就在孩子的内心造成了隐患，渐渐地，他会对你产生厌倦。

我经常会听到家长们抱怨孩子不争气、不听话、不聪明，等等。可是有没有人想过，为什么孩子的学习没有起色？为什么自己的教育没有效果？

孩子是一个鲜活的生命，他有自己的思想和爱好，而我们做家长的应该尊重孩子，而不是把他当作一台机器，命令他做这个，做那个。医学研究表明，孩子对强制的、否定的和威胁的环境有天然的厌倦。孩子带着这种厌倦的情绪去学习，怎么可能学好呢？

我们何不给孩子营造一种温馨、友好的氛围呢？让孩子感受到父母对自己的信任和鼓励，不但可以增强孩子的信心，还可以提高孩子的兴趣，学习效果肯定就会好很多。

在一个班级里经常会出现这样的情况：学习好的孩子经常得到老师的赞扬，同学的羡慕；学习不好的孩子经常受到老师的批评，同学的嘲笑。可是，有没有人想过这是一个良性循环和恶性循环的表现？

拿我们成人的工作来说，相信每个人在工作的时候多多少少都出过错。当你出错的时候，你的老板如果当众呵斥你，说你没有能力，这么简单的事情都做不好，你会有什么反应？相信你肯定从那一刻起就开始讨厌甚至憎恨你的老板了。

相反，如果你的老板在你出错的时候还是对你微笑一下，然后走到你的面前告诉你这点小错误没有什么，相信你会做得更出色。这时，你又会有什么反应？相信你顷刻间又充满了力量，你会更加努力地去工作，你也会更加尊重和喜欢你的老板。

成人还需要鼓励，更何况孩子呢？我们设身处地地去想一想，就会理解孩子的。人人都希望自己的孩子成才，但是在教育孩子的路上，应该再多一点鼓励，多一点耐心和技巧。

我对小斯宾塞的教育中，更多的是鼓励和肯定。

人之初，性本善。每个孩子生下来都是一样的单纯和善良，为什么孩子长大了，就会差距很大？试想，在一个充满呵斥、威胁甚至殴打的环境下长大的孩子，他的内心能充满友好吗？

有一次，在我做关于"友好教育，多鼓励孩子"的演讲上，一位家长问我："照你这样的理论，孩子犯错误的时候，也要对他很友好吗？"

我回答说："如果孩子犯错了，那么一定要管教孩子。但是家长首先应该对孩子犯下的错误进行分析，看看孩子是在做人的道德上出现了问题，还是仅仅在学习知识上出现了问题。

"如果是前者，一定要严惩，如果是后者，只要帮助孩子找到正确的方法即可，没必要小题大做。"

我很不赞同这位提问的家长对于孩子教育的做法，她经常在家里批评、命令孩子。还经常说："之所以这样做，都是为了孩子能够有一个美好的将来。"事实上，她这样的教育会害了孩子。

因为她长期对孩子的批评、命令甚至强迫和威胁，让孩子渐渐地对自己没有了信心。孩子的童年没有了快乐，还有就是孩子对母亲产生了反感。

后来，这位家长把她的孩子带到了我家，希望我能帮她教育一段时间孩子，我答应了。我一直对孩子都很友好，也经常鼓励他，夸奖他，尽量抚平他内心的自卑和伤痛。渐渐地，孩子对自己有了信心，后来在知识上也有很大的进步。后来，他成为了一名植物学家。

» 每天都给孩子一些玩耍的时间

小镇上的人经常会谈到我和小斯宾塞，也有不少人说我是天才教育家，其实我只是比平常人多用了一点心罢了。

我经常带着小斯宾塞出去玩，特别是在他学习完之后。我们常常会在镇上的小河边大声喊叫，经常躺在草地上尽情地放松和玩耍。小斯宾塞喜欢躺在草地上唱歌，喜欢躺着看夕阳西下的美景，他还常常感叹说："好美丽的大自然啊！"

在我们运动的时候，虽然没有传授知识，但是这也是一种快乐教育。其实我一直想不明白，为什么别的父母就从不带孩子出来玩？这种放松，无论是对大人还是对孩子都有很大的好处。

儿童的成长，不仅仅是身体上的，还有心智上的。两者的成长道理是一样的，都需要适当的营养成分，一旦这种营养成分过分饱和，那么孩子就无法吸收了。过分饱和的这一部分就会被当作废物流失掉。我们强制性地要求孩子，会让孩子产生抵触而无法吸收。

　　我之所以要把带着小斯宾塞去运动也看作是一种教育，是因为心智和身体是密切相关的，身体上的放松会带给孩子良好的情绪反应，进而有力地促进了孩子的心智活动。

　　有时候，我由于工作忙没有时间，小斯宾塞学习一段时间之后，就会自己跑到河边尽情地喊叫尽情地享受大自然的美好。他成为作家之后，也经常写热爱大自然的文章，我觉得和他小时候的经历是密不可分的。

　　教育，在孩子厌倦的情况下进行是无效的。我提倡在快乐的环境中进行教育，让孩子在学习的过程中也能感受到快乐。这样，孩子无论在心智，还是身体上都补充了正能量。

　　每次运动之后，小斯宾塞都会更加聚精会神地学习，他说，运动会使他变得更加精神更加喜欢学习。我一直庆幸，没有用传统的教育方法教育小斯宾塞，否则，他将活在痛苦当中。

　　身体的成长和心智的成长都是孩子必不可少的一部分，希望家长和老师对二者重视起来。

» 最成功的教育是让孩子学会自学

　　"最成功的教育不是教给孩子多少知识，而是教给孩子学习知识的能力。"我曾经对一位来请教教育方法的朋友这样说。

　　我们都知道，老鹰会在一开始教小鹰如何飞翔，可是过一段时间老鹰就会放手了，因为在老鹰的帮助下小鹰永远也学不会独立飞翔。没有了老鹰的翅膀，小鹰自己如果还是不会飞，它就会摔死，老鹰走后，小鹰很快就拥有了飞翔的本领。

　　孩子的教育又何尝不是这样呢？我们应该培养他学习的能力。

　　可能会有人觉得这样的教育是很不负责任的，可是我并不这样认为。

在小斯宾塞很小的时候，我就是用这种方法对他进行教育。他小时候经常问我："为什么天上只有一个太阳？为什么当燕子飞得很低的时候就表示容易下雨？为什么冬天会那么冷，而夏天就那么热？"

对于这些问题的回答，我从来都没有直接告诉过他问题的答案。我每次都会告诉他，能通过查阅什么样的书知道答案。当小斯宾塞通过自己的努力找到答案，他会瞪着圆溜溜的眼睛，骨子里都流露着一种兴奋和喜悦。

我觉得，再也没有哪种快乐比他通过自己的努力来证明自己来得更可贵了！

当然，在培养孩子这方面能力的时候，我们也是需要做好准备的。比如，我们要在家里准备好孩子查资料经常用到的书籍和工具。庆幸的是，我储备了好多孩子用的书，以至于在小斯宾塞查阅的时候很方便，对于这方面的投资，我从不吝啬。

在刚开始的时候，大人们确实不太容易，要引导孩子用工具书查阅点东西，肯定得经过精心的设计和准备，但是不要丧气，慢慢地孩子就会养成自己去找答案的习惯，这时候你的教育就成功了。

这样的教育方法有助于培养孩子的独立思考能力。让孩子消除依赖心理，遇到问题，要养成自己解决的习惯，还可以让孩子明白，世界上任何事物都不是凭空产生的，任何事物的形成都是有原因的。

科学研究证明，孩子通过自己的努力学到的知识要比从别人嘴里得到的知识在头脑中留下的印象深得多。

有一次，小斯宾塞自己在房间看一本关于力学的书，书上的一个理论让他突然有了灵感。

他跑到德文特河河边的那个磨坊里，去研究那个磨坊磨面粉的过程。小斯宾塞发现，轮盘是靠水流带动起来的，而轮盘带动竖轴，竖轴又带动了碾石，麦粒才会被碾石碾成面粉。

这种教育方式也让小斯宾塞在写作和理解上有了很大的提高。他的观察力和思考力，已经完全超过了正常孩子的范围。当然，这样的教育，也有弊端。在小斯宾塞开始上小学一年级的时候，他总是不想去学校上课，原因是老师讲的东西他早就会了。

对于这个问题，我也很头疼，最后经过和学校协商，让他直接上了二年级，后来，二年级的知识他还是都会，索性跳到了三年级。

虽然在写作和数学上小斯宾塞都没问题，可是我觉得还是有必要让他再把一年级和二年级的课本看一下，所以我就借来了这两个年级的课本，陪着小斯宾塞用一天的时间都读了一遍，这下我才放心。

在班里，小斯宾塞是最小的，我一直担心他的身体和心智跟不上，直到一个月后，他考了班级第一名，还在运动会上拿了奖，我才觉得自己的担心是多余的。我觉得，他的心智和身体发育很好，还得归功于对他的教育方式。

刚开始提出这种自助教育观点的时候，有很多人提出了抗议。到目前，很多国家和学校已经认可了这种教育理念，还在做大力的推广，我很开心。

只是我们的家庭教育当中，真正适合孩子做教学用具的东西还是太少了，有时候由于家长自身的知识和能力有限，我们不能很好地开展家庭教育，所以有很多父母不远万里来这里请教我更具体的教育方式。

需要特别指出的是，我们的这种教育方式不能等孩子上学后就停止了，家长的角色老师是永远代替不了的。相反，在孩子去了学校之后，我们应该更加关注孩子，结合他的实际情况，给出正确的方案。

知识的海洋是浩大无边的。所以我们的任务就是教会孩子学习的能力，这样在他以后的人生中才会更加完美。

第五章 找出让孩子不快乐的因素

» 不快乐扼杀孩子的天赋

前不久，关于"要用让孩子快乐的方式教育孩子"的话题引起了媒体界和教育界的关注，各方都在发表自己对于这个话题的看法。而我，真的没有想到关于这件事情会引起这么大的反响。不过也好，至少证明了大家都在关心着孩子的教育。

各方讨论的主要问题是：在快乐教育孩子的同时，还能惩罚孩子吗？应该怎样惩罚孩子？

咱们先不说应该如何惩罚孩子，先用一个真实的实例来看看在不快乐的环境下，孩子的天赋是怎样被扼杀掉的吧。

在刚开学不久的一天早上，小斯宾塞学校的校长带着3个学生来到我家。校长说："听镇上的人说，你对教育孩子有一套独特的方法，这3个学生实在是无可救药了，你帮我教育教育吧，如果你也没办法，那么我只有把他们开除了。"

我仔细观察了一下站在我面前的这3个孩子，他们和其他孩子没有什么不一样，我点点头，答应了校长。但是我告诉这3个孩子："你们明天早上一起来我家找我，今天都先回家休息一天。"

我知道小孩的控制能力比较弱，受环境的影响很大，我怕小斯宾塞经常和他们3个在一起也会学坏，所以当天我就把他送回了他爷爷家。

第二天，那3个孩子很早就到了我家。可能是刚开始来的原因吧，他们一个个还都很老实。

我已经迫不及待地想了解这 3 个孩子了。我笑着告诉他们："从现在起，你们就不用去学校了，由我陪着你们度过暑假前这段时间。我也是一个很喜欢玩的人，以后咱们就一起玩一起学习，好不好？"孩子们都很高兴地答应了。

我接着说："只是白天我要带着你们去镇上的家具公司干活，你们愿意吗？"孩子们说："愿意愿意，只要不写作业，怎么都行。"

其实是因为我经常用家具公司剩下的一些木材来制作教具，所以我才会带着他们去的。

后来，我说："我很喜欢你们 3 个，为了表示对你们到来的欢迎，今天我们就先好好吃一顿。"他们都乐开了花。

吃完后，我们就一起去家具公司干活了。在公司，很多同事都夸他们懂事、能干，一天下来，孩子们也累坏了，可还是乐呵呵的。回到家里，我做了很多好吃的，然后带着他们在我家后花园里吃饭。

在我们正高兴的时候，我拿出了纸牌，和他们一起玩起了 12 张纸牌的游戏。

第一个孩子抽到的问题是：你喜欢你的学校吗？

孩子回答说："我讨厌我的学校。我觉得学校就像是一个鬼屋，里面很可怕。老师总是会批评我，而且还经常说如果我不好好学习，将来会和我的父母一样没有出息。可是我不觉得我的父母没有出息，我讨厌他批评我，更讨厌他那样说我的父母。"

第二个孩子抽到的问题是：你对自己的学习成绩满意吗？

孩子回答说："原来，我学习很好，所以对自己学习成绩还是很满意的，可是后来妈妈又要了一个妹妹，自从有了妹妹，妈妈就再也不喜欢我了，有什么好吃的总是留给妹妹，妈妈还经常打我。我不学习了，我想报复一下妈妈。"

第三个孩子抽到的问题是：你觉得自己优秀吗？

孩子回答说："我觉得自己一点都不优秀，我也想学习成绩好一点，可是每次我都控制不了自己。我觉得自己很没用。每当老师讲课的时候，我总是听不进去，脑子里老是出现其他的人和事。"

我连忙问："那你都在上课的时候想些什么呢？"

第三个孩子回答说："比如上数学课的时候，我的脑子里总是会出现一些山山水水，我幻想着自己去旅游了，每次都是这样，在不知不觉中就走神了。有一次，我乞求上帝赐给我一个和小斯宾塞一样聪明的脑袋，可是我父母亲知道后，都偷偷地笑了。"

我心中的谜团顿时被打开了。第一个孩子是因为老师对孩子父母的轻视，让孩子产生了反感，因为老师处理问题的不公平，让孩子感觉到害怕。在这样一个环境中，孩子怎么可能会有求知的欲望呢？

小孩子的心理还没有发育成熟，他自己还没有忍耐的意识和能力，他更不会去想方设法地保护自己，所以，他只有去逃避才能解决自己的难题。试想，一个孩子整天想着如何逃避上学，他还可能有好的学习成绩吗？

第二个孩子是因为对母亲有情绪，才产生了逆反的心理和情绪。他和母亲之所以产生了隔阂，是因为母亲自从有了小女儿以后，就很少和儿子沟通。很明显，在没有小女儿的时候，母亲经常和这个孩子在一起，有了妹妹以后，母亲就很少和他在一起了。

不管母亲是出于什么原因，一个小孩子是接受不了这种落差的，所以才会出现逆反的心理和行为。如果母亲能够及时和儿子沟通，让孩子感觉到母亲还是很爱他的，只是现在有一个更小的妹妹需要照顾，那么孩子肯定会理解母亲的，或许，他还会主动照顾妹妹。

第三个孩子的情况就稍微简单一点。孩子那只是对大自然出于本能的向往。何不抽时间带孩子出去看看呢？让他感受一下他渴望已久的大自然，就会消除他在课上的幻想。

对于他们 3 个，我没有选择训斥，更没有选择体罚，而是选择了理解和纠正。我听完他们说的话后对他们表示了理解，然后为他们制订了不同的训练方案，目的只有一个，就是去除他们心中那个不快乐的阴影或者情绪。

我觉得一味地去训斥他们，会给孩子的内心造成巨大的压抑，也许因为你的呵斥或者威胁，孩子暂时顺从了你，可是你有没有想过以后？

孩子的忍耐力是有限的，总有一天他会把内心的情绪发泄出来。至于他会做出什么事情，我们谁都无法想象到。

我一直在告诉第一个孩子，这种遭遇是一种幸福，很多名人都是经常遇到这种事情，他们没有向生命屈服，相反，他们有了别人没有的经历和忍受能力，所以在他们以后的学习和工作中，才会有惊人的成绩。

毕竟，我们自己的微薄力量是改变不了社会不公平的现状的。

慢慢地，第一个孩子的内心变得强大了。他不再纠结于老师的不公平，反而很努力地学习，老师的这种不公平，成为了他前进的动力。他说总有一天，等他成为了名人后，他会改变现状的。

对于第二个孩子，我觉得解铃还须系铃人。于是，我就找到了他的母亲，给他母亲说明了事情的严重性。母亲听完后，感觉很惭愧。她说会在以后的日子里，多多和她的儿子沟通，让孩子感觉到自己对他的爱。

后来，第二个孩子也解开了心结。他说："原来妈妈都是因为照顾小妹妹，才没有时间管我，其实妈妈还是很爱我的。我以后就是哥哥了，我不会让别人欺负我的妹妹的，我会保护她。"

突然间觉得他长大了好多，从此他再也没有因为母亲爱妹妹而闹过情绪。相反地，他每次都把好吃的和好玩的都留给妹妹。

第三个孩子，我也是选择了和他的父母沟通，我把孩子的情况和他的父母说了，父亲表示愿意带着出去看看。孩子知道后，兴奋极了。后来，他经常来我的家里向我借书，那些书都是地理方面的，他也成为了一个爱研究、爱学习的孩子。

我觉得每一个孩子的父母都应该学会欣赏自己的孩子。神奇的造物主给每个孩子不同的天赋，就是为了让他们发挥各自的强项，将来成为各个领域的人才。而家长往往会忽视孩子的天赋，甚至剥夺孩子的爱好，让孩子产生反感。

再聪明的孩子，在不快乐的环境下学习，也不会有效果。

» 父母要对孩子有同情心

当我和我的朋友谈到父母对待孩子是否有同情心的问题时，朋友很肯定地告诉我说："我相信，做父母的人都会对自己的孩子有同情心。"

但是，现实生活中却有很多家长很少同情自己的孩子，之所以会这样，是因为他们觉得孩子是属于自己的。意思就是说，因为孩子是我们自己的，所以我们根本不用去同情他。

即使我们走在大街上，看到一个不相干的人受伤了，我们也一定会说："伤口不严重吧？赶紧去医院包扎一下吧！"

可是，在自己的孩子因为和小伙伴玩耍而扭伤了脚的时候，父母却会第一时间冲孩子吼叫和责骂。如果伤势很严重的话，可能会送孩子去医院，如果伤势不是很严重的话，可能家长就懒得去了。有的家长甚至还会告诉孩子："谁让你在玩的时候不小心呢？弄成现在这样，是你自己找的。"

如果公司的一名员工，因为在工作中犯了点错误而受到了上级的批评和责罚，可能你还会安慰他说："别难过，下次认真点就行了。"可是，当孩子由于粗心大意，在一次测试中没能取得好成绩的话，孩子却要受到父母的责骂甚至暴打。

这到底是为什么呢？难道父母对自己的孩子真的很少有同情心吗？事实上，确实是这样。

我们经常说，一个人的一辈子不可能一帆风顺，遇到挫折和坎坷是很正常的事情。既然对生活中的坎坷如此有体会，那么为什么对孩子却没有这样的同情心呢？

也正是因为大人们对孩子缺少这样的同情，才会使孩子的内心受到伤害。

这些年，我通过亲身经历小斯宾塞的教育和观察周围邻居家孩子的教育，得到了一条重要的理论，就是不能对孩子没有同情心。

每个人身上都有这种可贵的品质，也正是这种可贵的品质让我们更加了解孩子，读懂孩子，让我们和孩子之间建立深厚的感情和信任。

拥有同情心还有最重要的一点，就是在孩子受到伤害或者伤心难过的时候，同情是一副止痛良药，它能抚平孩子内心的伤口，让孩子的内心感受到温暖和鼓舞。

不得不承认，每一个孩子在大人和社会的面前都是很弱小的，但是每一个鲜活的生命对于任何事物来说，又是很庞大的。每一个孩子对于自己的未来都充满了期待。

还要告诉大家的是，研究表明，孩子的心理自助调节能力是随着孩子年龄的增长逐渐提高的：0~3岁的孩子，心理调节能力就是一个空白；3~7岁的孩子，稍微有了一点点心理调节能力；7~12岁的孩子，能明显看出有心理调节能力。

在这个阶段，环境对孩子的影响是很大的，如果孩子生活的环境是一个不快乐不健康的环境，孩子会形成畸形性格，而这种性格将影响他一生。

如果孩子在小时候，很少和母亲交流，那么孩子从小就会对女性有抵触感和羞怯感，甚至出现变态。如果孩子在小时候经常受到训斥和暴打，那么孩子就会产生一种叛逆心理，他会不太喜欢遵守纪律，不太喜欢与别人合作，甚至很难融入这个社会。

我们不妨看看大自然中的小动物们，它们的父母总是在它们弱小的时候照顾它。人，为什么就不能做到呢？

我们应该怀着一颗同情的心去理解孩子，站在孩子的角度想想他为什么不快乐。当你真正体会到孩子的处境，你才能更得心应手地帮助他。

对孩子多一点同情，并不等于一味地去包庇孩子的错误，两者并不矛盾。

» 找到孩子不快乐的原因

我特别喜欢俄国作家托尔斯泰的《战争与和平》这本书。记得书中有句话是这样说的：幸福的家庭是相似的，而不幸的家庭各有各的不幸。我觉得对于孩子也是这个道理，优秀的孩子总是有很多相同之处，而失败的孩子却各有各的原因。

每一个优秀的孩子，都会遇到很好的引导者。这个引导者可能是孩子的父母，可能是孩子的老师，可能是孩子身边的人。而失败的孩子几乎都是因为生活在一个不快乐的环境下造成的：

● 对孩子没有同情心而又不懂教育的家长。

● 对孩子的教育不负责任的家长。

● 暴力的老师。

● 不思进取的同学。

● 不懂得教育的亲戚。

● 品行不好的学长。

● 心理不正常的老师。

● 愚昧的长辈。

● 遗传性的生理疾病。

造成孩子失败的原因很多。作为孩子的父母，当我们发现孩子身上存在一些问题的时候，我们不能去否定孩子，而应该耐心地找到孩子出现问题的原因。研究表明，无论多么可怕的事情，只要说出来，就会得到释放。

在我居住的小镇上有一位很有名的神父，有一天他告诉我："我没事的时候，喜欢去离咱们这不远的一个少年监狱里看看可怜的孩子，可是我发现孩子挨打的次数和他进监狱的次数是成正比的。"

上帝赐予了我们可贵的生命，我想很负责任地告诉大家一个事实，就是在我们身边有很多优秀的孩子都被埋没了，在他们很小的时候就有老师或者家长说他们很差，久而久之，他们真的就成为了现实生活中较差的人。

成人潜意识地给孩子规定一些条条框框，当孩子没有达到成人规定的时候，孩子就会被"判刑"，事实上，被"判刑"的孩子并不一定有错。可能真正有错的孩子，却没有受到任何惩罚。

请不要用爱的名义给孩子"判刑"，否则，孩子会痛苦一辈子的。

有一次，我在德文特河边遇到了费舍尔神父，我们就一起聊起了这些问题，可能是我们真正领悟到了上帝的旨意吧，我发现神父的眼睛湿漉漉的。

神父说："我真的不知道上帝是怎么想的。他要让成人拥有一颗健康的心，可是为什么又要让世间存在那么多诱惑？他赐予我们孩子，可是刚出生的孩子却是那样的弱小和无知。这到底是为什么呢？谁能告诉我？"

"是神圣的教育！上帝是想让做父母的能够认真地对待教育，他们能够认真地学习，考文凭；他们能够一丝不苟地工作；他们能够加班加点地学习商业知识，可是为什么就不能够认真地学习如何教育孩子？"我回答说。

"当成人也能像对待其他学习一样对待教育的时候，教育，就不会是难题了。"我接着说。

» 家庭要给孩子创造快乐

在现实生活中，有很多家长意识到了孩子身边的不快乐，也想让孩子有快乐的境遇，可是很多时候，都是力不从心。在这里，我告诉这些家长们，可能你现在改变不了孩子的这种境遇，可是我坚信，你一定能够给孩子营造一个良好的家庭环境。

我经常想，同样都是为人父母，为什么有的家长可以给孩子很多鼓励、帮助和温暖，而有的家长给孩子的只有抱怨、责骂和殴打呢？我相信，他们都是很爱孩子的，只是他们通过各自的方式表达了对孩子的那份爱。

据调查发现，**影响家庭给孩子鼓励的因素是家庭成员之间的感情处理不好**。因为彼此之间缺少沟通和了解，所以家长很难走进孩子的内心世界，也就很难给孩子对症下药了。

家庭，永远都是孩子的港湾，都是给孩子温暖的地方，无论孩子遇到什么困难，我们都应该是孩子最坚实的后盾。

上次我给小斯宾塞开家长会的时候，有很多家长向我请教教育孩子的方法，那天我给父母们提出了几个建议：

（1）多制造一家人在一起的机会。

小斯宾塞长大以后，我问他在他的记忆中，最快乐的事情是什么？他说是晚上或者周末的时候，因为那时候，一家人能够坐在一起聊天。

（2）增加彼此之间的了解。

可能有人觉得这个建议很荒谬，觉得一家人天天在一起，不用再去了解什么。如果你是这样想，那么你就大错特错了。你可以静下心来，好好想想，你们一家人之间真的都很了解对方吗？

思考之后，你会发现，你所谓的了解，只不过是知道孩子的长相，知道孩子的名字，知道孩子爱吃什么食物而已。你整天忙于工作，忙于挣钱，而你却没有来得及问问你自己和你爱人的爱好、理想，问问孩子每天过得快乐吗？

只有去交流感情，才能真正走进对方的内心，彼此才会更快乐。

（3）不要把孩子当孩子看。

当成人们遇到一些困难，一些不开心的事情，或者是家里有亲人去世的情况时，总喜欢瞒着孩子，原因是爱孩子，怕孩子承受不了打击。事实上，我们不应该瞒着孩子，我们只需要做到在和孩子陈述事实的时候，不要夸大事情的严重性，也不要缩小，真实就可以。

其实，孩子的承受力一点也不比大人差。如果一味地瞒着孩子，当孩子知道真相以后，会有一种被欺骗被抛弃的感觉，到时候孩子需要承受很多种痛苦，事情也会因此而变得糟糕。

在孩子小的时候，就应该让他学会面对现实。只有经历过这些人生中不可避免的坎坷以后，孩子才会更加坚强，才会有独立生活的能力。

当家里有病人时，应该告诉孩子，并且可以让孩子帮忙做一些他力所能及的事情。比如帮忙买药，帮忙倒水都可以。经历过这些，以后再遇到类似的情况，孩子就会有处事能力了。如果家里的经济暂时出现了问题，我们也不用瞒着孩子，你告诉他实际情况，孩子会理解的。

（4）一家人在一起吃饭。

可能由于各种压力，家长的工作和应酬都很忙。但是无论如何，每一周都要抽出时间和孩子一起吃饭。在一起吃饭的时候，不要批评孩子，也不要说孩子的缺点，仅仅是在一起享受快乐。

古时候，就常常有人说，一家人在一起吃饭的时候，如果充满了争论和训斥，那么这家人会走得越来越远；如果充满了鼓励和温暖，那么这家人的关系会越来越融洽。

在自己不忙的时候，要主动告诉孩子，欢迎他带着他的朋友来家里玩。并且你要好好招待。这样会让孩子很开心，他会感觉到自己在这个家里很受尊重。

（5）有规律地和孩子共同做事。

在我们所熟悉的集体中，当有人提出一件关乎每一个人的兴趣点的事情时，大家都会很兴奋地去把它做好。

在这方面，我和小斯宾塞也共同去做一些事情，或者一起去种花卉，或者是一起整理家务，或者是一起烤面包、做饭。

这其中让我印象最深的一件事就是和小斯宾塞一起制作了一张很大很大的餐桌。从前期的选木料、图纸设计，到后来的订做、装饰，我们都是一起去完成。半个多月后，餐桌做成了，那一刻我和小斯宾塞一样的兴奋。

而这张餐桌也逐渐成为了我和小斯宾塞共同的回忆承载体。

（6）形成稳定的家庭习惯。

由于受到父辈的家庭习惯的影响，家庭习惯的相对稳定会对一个孩子产生巨大的心理影响，这也有利于培养孩子对于一般事情和重要事情的区别对待。

当然更会明白哪些事情将是具有美好回忆价值的，比如在春天里去郊游、参加特别的生日宴会、欣赏美好的秋景等。

（7）和孩子一起做游戏。

尽管每一个人都会做游戏，但不是所有的父母都愿意和自己的孩子做游戏。要像对待大人一样去公平公正地对待孩子，尽管这只是一个游戏。

在这方面，我曾经犯下了一个错误。有一次和小斯宾塞玩捉迷藏的游戏，但我突然想到自己还有一件十分重要的事情要马上去完成，于是并没有和小斯宾塞说一声就离开了。导致小斯宾塞找了我很久很久，而他的失望和沮丧让我的内心久久为之惭愧。

（8）给孩子讲讲家庭的历史。

家里祖祖辈辈都出过什么名人？为什么现在会住在这里？爷爷和奶奶年轻时是怎样的？家里有什么世交好友？尽管这些事并没有虚幻的故事拥有新奇性，但它和孩子的生活息息相关，了解这些会让孩子更爱这个家。

（9）打造亲密的家庭关系。

我曾经编写过一本通讯录，包括家族里的每一个人的信息。这样可以让孩子有一种归属感、认同感和主人翁意识，这些都很有利于孩子的成长。

各位家长朋友们，对于孩子而言，家庭的力量是巨大的，很多事情会在家庭中得以化解。而当孩子参与到家庭建设的过程中时，已经是对孩子价值观很好的培养了。

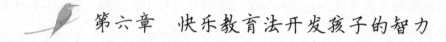

第六章　快乐教育法开发孩子的智力

» 不要怀疑孩子的智力水平

很多家长可能都遇到过这样的事情，有老师跟你说，有些孩子是很聪明的，而有些孩子是比较差的，甚至于还有些孩子都到了愚蠢的程度。有些家长相信了这些话，有些家长尽管不全信，但心里也会犯嘀咕。

当你孩子的老师告诉你孩子的成绩和智力如何如何时，并用连续几个学期的成绩单来证明孩子的智力分为不同等级，相信很多家长都会变得深信不疑了。

难道这个世界上真的有些人的智商很高，而有些人的智力很低甚至于愚蠢吗？

我的结论是：大多数孩子的智力水平都是相差无几的。

在我看来，**确实有一些孩子是天才或者是智力障碍，但这只是极少极少的人。绝大多数孩子并不存在智力水平的高低之分，差异只表现在智力特点的区别。**

这个道理其实是很简单的，所谓的智力特点的不同就是孩子在某一方面的擅长与否。这就如同地理上的资源分布一样，有的地方盛产石油，有的地方盛产铁矿，还有的地方盛产黄金，不产黄金并不意味着不产石油。

说到底，"智商"不能等同于孩子成绩的全部，充其量只能是30%左右，而大多数的成绩并不能用智商来解释。

卡尔先生在智商方面有着较为深入的研究，他曾说："如果仅仅靠智力测验来选拔孩子的话，我们就淹没了70%的有创造力的人才。"

我们都很了解树木吧，有些树木是结果子的，有些不结果子却可以成为房屋的栋梁。而对于都能结果子的树木来说，有的结的是苹果，有的结的是梨，有的则是橘子。它们都有各自存在的价值，只是表现在了不同的方面。

我们人类算是世界上最神奇的生物了，有很多其他生物不具有的灵气和禀赋。如果我们仅仅用聪明和愚蠢去评判孩子的全部，那么我们自己也是很愚蠢的。

我们可以很轻易地给孩子加上愚蠢的标签，这样我们就可以不为孩子的差劲表现负有责任了，甚至把希望寄托在其他孩子的身上，当然结果是可想而知。

在这里我要对孩子的父母说，一定不要怀疑孩子的智力，要坚信孩子并不是智力水平的差异，仅仅是拥有不同的特点罢了，只是现在还没有找到孩子的擅长之处。对孩子的深信不疑既可以改变自己，更可以改变孩子。

"只要你相信，你所信的一切对你来说就是可能的"，"只要有芥籽那么大的信心，也可以移动一座山"。这是耶稣说的话。我很相信这句话，因为在小斯宾塞的教育身上，我确实看到了很多奇迹。

对孩子的培养和教育是一项宏大的事业，对孩子有信心就是对自己的事业有信心。所有的培养和教育其实都是为了寻找一种如何能使孩子快乐地开发自己潜能的方法。

对于孩子的智力教育我提出一些建议：

（1）相信每个孩子没有智力水平的差异，只有智力特点的不同。

（2）相信孩子将和自己一起发生改变。

（3）相信孩子具有巨大的潜能，就如同冰山一般，露出来的只是一小部分而已，其他更巨大的潜能需要你去开掘。

（4）教育孩子的过程中会遇到很多困难，一定要坚持下去，很快就会有奇迹发生。

（5）相信培养、教育一个优秀的人才绝非是一件简单的事情。

（6）一旦出现对孩子智力否定或者怀疑的说法，要及时制止，自己的信心不但不能动摇，还要更加坚定。

（7）制订一个长期和相对短期的教育目标，并为之坚持不懈地实施，积少成多，量变达到一定程度就会有了巨大的变化。

（8）相信教育孩子和自己做的其他任何工作都是一样的，是一件被上帝夸奖，被世人称赞的善行。

» 寻找孩子的优势和潜力

假如让你去讲述自己孩子的优势，估计会有很多的回忆进入你的大脑，这些都是你对孩子的最基本的认识。

我给大家列举一下每个孩子都可以具备的基本表现能力，各位家长们看看自己的孩子具有怎样的优势和潜力。

（1）他对诗歌或者有韵律的句子比较感兴趣。

（2）他善于观察你在不同情绪下的心情变化且做出不同的反应。

（3）他经常会问"宇宙是怎么形成的""时间从什么时候开始"这样的问题。

（4）他总能记住自己曾经走过的路，哪怕只去过一次。

（5）他走路时很有节奏感，姿势很协调优美。

（6）他唱歌唱得很准确。

（7）他经常会问"闪电、打雷、下雨"是怎么回事。

（8）当你说错词语时，他会及时给你纠正。

（9）他早早地学会了骑车，早早地学会了系鞋带。

（10）他很乐于表演某一个角色，或者总能编出很多剧情。

（11）去外地时，他可以记住沿途的路标或者标志性建筑。

（12）它能够分辨出众多乐器发出的不同的声音。

（13）他很擅长制作地图，清晰明了。

（14）他能够很好地模仿别人的动作或者表情。

（15）他习惯于把杂乱无章的东西整理得很有条理。

（16）他平时说话时声情并茂，动作跟情感一致。

（17）他能够讲述一个精彩的故事。

（18）他能够对来自不同的声音表达出自己的观点。

（19）他经常说一个人很像另一个人。

（20）他能够对他人做成或者做不成的事情做出准确的评价。

上述问题中的（1）（8）（17）是对语言天赋的测验。如果孩子在这方面具有优势，那么他会早早地对交谈比较擅长。他不仅可以熟练运用词汇，也能对其进行加工，使话语更加生动形象，还能讲述精彩的故事。

像这些在语言方面有天赋的孩子，家长们应该给他们寻找相关的书籍，并经常让孩子去描述生活中的现象或者自然变化。

上述问题中的（6）（12）（18）是对音乐天赋的测验。如果在孩子很小的时候，就发现他对有规律的声音做出反应，多数是表现出瞪大眼睛显得很专注的，这样的孩子在音乐方面有自己的优势。

上述问题中的（3）（7）（15）是对数学、逻辑学天赋的测验。如果他对棋类游戏很感兴趣或者擅长，能对乱七八糟的玩具做出有条理的分类。那么这些孩子的数学逻辑天赋是很强的，尽管可能他们的数学成绩并不好，那只是对语言概念的理解不强而已。

这些问题中的（4）（11）（13）是对空间天赋的测验。有这一天赋的孩子的想象力是非常丰富的，对机械组装或者绘画很擅长。你应该带他多去见识见识大千世界，给他更广阔的想象空间。

这些问题中的（5）（9）（14）是对身体动作天赋的测验。有这方面天赋的孩子很有可能会成为运动员或者舞蹈家。

这些问题中的（10）（16）（20）是对自我认识天赋的测验，（2）（10）（19）是对认识他人天赋的测验。有这些天赋的孩子经常会对自己或者他人做出不经意的判断和反省，很善于与人交往。

事实上，不同的孩子表现出不同的潜能，是很正常的。因为根据孩子自身生理的原因，会出现发育早晚和强弱的差异。这些都是正常的表现，也不能就此判定孩子是否很有潜力。

有的孩子可能同时具备很多方面的潜能，而有的孩子却只有某一方面的潜能，甚至一方面也没有。不过，不用着急，因为随着时间的推移，孩子在这方面会慢慢平衡的，所有的潜力他都会具备的。

当你再去看自己孩子的时候，你会发现自己的孩子是在某方面很有潜能的，其实一种潜能也没有的孩子几乎不存在。上帝总是很公平的，为你关闭一扇门的同时也会为你打开另一扇窗。上帝也是神奇的，因为他赋予每一个生命，自己的特点和天赋。

所以，家长们也不用去抱怨自己的孩子不如别人家的孩子聪明，只要你用心去观察孩子，你总会发现自己孩子的天赋，你要做的事情，就是好好培养孩子这方面的能力。

研究表明，很多孩子长大后丧失的能力，往往就是他小时候在那方面表现很突出的潜能。相比之下，很多孩子在某方面做得很优秀，在他小时候却没有怎么表现出这方面的才能。可见，后天的学习对孩子来说是多么重要。

为了孩子能够更好地发展，我在此给家长提出几点建议：

（1）用心观察自己的孩子，及时发现孩子的天赋和特别之处。

（2）如果你发现了孩子某方面的潜能，只是你不喜欢孩子朝那个方向发展，那么你也不要阻止孩子，至少应该允许孩子把它当作一种爱好。

（3）不管哪方面的爱好，我们都应该一视同仁。

（4）找到孩子不是很擅长的方面，并且向孩子表示，这些才能是可以培养出来的。

（5）应该着重培养孩子语言和逻辑方面的能力，关于孩子做人做事的能力，我们也应该及时培养和开发。

» 让孩子在兴趣的引导下学习

"兴趣能给求职和学习带来最大的动力"，这句充满智慧的谚语不管是在现在还是将来，都能给人以启迪。这句谚语既透露了学习的方法，更向我们展示了一个获得知识的智慧法则。同样地，谚语"诱导是教育成功的最佳手段"也永远不会过时。

兴趣，是孩子发自内心的主动选择；而诱导，则是将这种主动性更加强劲地施加给孩子，让他产生有目的性和持久性的兴趣。

如果一个孩子在数字逻辑、语言、空间或者动作方面有很大的潜能，那么他对这些方面就会充满兴趣。

有时，这种兴趣可能会因为孩子自身的原因，如好动和注意力不容易集中等，不能长久保持，但是，孩子本身在这方面的兴趣是不会改变的，除非孩子的这种兴趣受到来自外界的压制和厌恶。

然而，遗憾的是，很多父母虽然希望把孩子培养成为优秀的人物，但却会常常责备孩子在一些"没用"的兴趣上浪费时间。这些父母盲目地按照学校和社会的人才模式要求孩子，并且把孩子的兴趣带入这种模式。

这样一来，在父母眼中"没用"的兴趣便会受到压制，而只有"有用"的兴趣才会被保留。可是，在孩子的心智发展时期，并不能用"有用"或"无用"这样的词来界定他们的兴趣。

事实上，除了那些违反社会公德和道德的兴趣，大部分兴趣对于孩子的求知欲都有很好的促进作用。智慧的父母会利用这些兴趣让孩子学习各种知识，并且养成不断探索和求知的习惯。

最可悲的教育就是强迫孩子学习。孩子不是学习机器，而是一棵爱玩耍、对万物充满好奇的幼苗。强制性的、机械的学习任务，会让孩子感到压力，会迅速毁掉孩子的学习兴趣。

孩子的学习兴趣如果破坏了，就很难体味学习的乐趣，也不乐意主动学习。年纪尚幼的孩子，无力反抗父母的强制，只能被动学习。这种以孩子的童年快乐时光为代价，来换取的知识并不划算。

"兴趣是最好的老师"，孩子带着兴趣来求知，不仅能收获成就感，还有愉悦感，同时，孩子还学会了自主学习。孩子的学习兴趣源于好奇心，孩子在好奇、好问中走入了科学的大门。孩子的学习兴趣需要引导，需要父母的呵护、赞赏和肯定。

自主自愿，是孩子兴趣保持的关键。父母要尊重孩子的意愿，把他们看作独立、自主的个体。尊重孩子的学习意愿，才能让孩子燃起学习兴趣。让孩子感到，学习并非痛苦、枯燥的事情，而是自有奥妙和乐趣，这样才能激发孩子去主动探索，进而获得乐趣。

孩子的学习兴趣，是获得一切知识的前提。只有孩子自主自愿地学习，才能真正掌握科学的精妙之处，品尝到学问的甘甜所在。

大部分孩子都会对小动物充满兴趣。或许只是一只小小的蚂蚁、一群嗡嗡乱飞的蜜蜂、一只快乐的小鸟或者是一条欢快游动的小鱼，这些都能长时间地吸引孩子。

我们很容易发现，如果让孩子用 20 分钟的时间背诵一首诗或者一段名篇，孩子会很难做到。但是，在另一个方面，即使父母没有提出要求，也不进行监督，孩子仍然会心无旁骛地用一下午时间观察蚁群活动。

我想，这个场景是每个父母都见到过的，孩子的兴致如此高昂，即使太阳晒伤了皮肤，即使大汗淋漓，也丝毫不动摇，这些都是兴趣使然。

可是，在我们看来，就算允许孩子花费一至两年的时间观察蚁群活动，他也无法获得更多的知识。在这种时候，父母就要出面诱导孩子。

这种诱导是为了让孩子获得相关的知识、得到学习的正确方法，同时养成一些好的习惯。我对于小斯宾塞的诱导就是从蚂蚁开始的，而这种诱导影响了他的一生。

当我在屋后的花园中看到小斯宾塞兴致勃勃地看蚂蚁时，便加入了他的行动。在第一天时，我们一起看蚂蚁活动。我们看蚂蚁怎么搬食物回家，看蚂蚁怎么告知更多的蚂蚁一起搬食物……而在第二天，我就迅速拟订了一份研究蚂蚁的计划书：

（1）在"自然笔记"中专门分出纸张记录蚂蚁。
（2）查找相关书籍，找到关于蚂蚁的知识并且做笔记。

（3）了解蚂蚁的生理特征：蚂蚁吃什么食物？怎么走路？怎么工作？

（4）蚁群的生存特征：蚁群中有无蚁王？如何有效分工？怎么喂养后代？

当有了这些计划后，小斯宾塞对蚂蚁的研究兴致更高了。对于小斯宾塞来说，最初观察蚂蚁只是为了玩，而现在，这个兴趣赋予了他更多的意义。

在几乎一整个夏天里，小斯宾塞逐渐完成了计划上的内容。而且，通过这些活动，小斯宾塞学会了系统学习知识的方法，而他的专注力也得到了一定的锻炼。

父母对孩子感兴趣的事情感兴趣，这本身就是对孩子的一种肯定，而父母巧妙的诱导又帮助孩子获得了正确的求知方法。在诱导孩子时，父母不能抱有太强的目的性，孩子生来渴望自由，如果知道自己的兴趣变成了被迫要执行的任务，孩子的兴趣也会变淡。

如果我们仔细观察成人的世界，就会发现，成人在进行研究时，也是因为对某种事物或现象产生了兴趣，然后才因为人类的需要而开始进行研究。

在我的诱导下，小斯宾塞很自然地进行了一次又一次研究。最初是蚂蚁，之后是鱼类，鱼类过后是鸟类，鸟类之后又研究蜜蜂。

让我意外的是，小斯宾塞不仅知道这些动物的一般特征，还主动发现了它们的"社会"特征。小斯宾塞认为，动物非常聪明，而且在一些方面，它们的智慧高于人类。

随后，小斯宾塞产生了这样的疑问：为什么动物也能拥有各种各样的"智慧"？它们的智慧是一直存在的，还是最近才产生的？它们的智慧来自自身，还是来自某种神秘的力量？

面对小斯宾塞的提问，我无法给出正确的答案，只好告诉他成人也在争论不休的两种观点，一个是达尔文的进化论，一个是上帝决定论。

然而，在了解这两种观点后，小斯宾塞开始对达尔文和上帝产生了兴趣。我认为，在如此重要的智力发展阶段，疑问能增进智慧的发展。

在我的父亲看来，《圣经》只关乎信仰，和知识无关。而他在教育我时，也不承认超自然的力量。但是我在教育小斯宾塞时，却没有这样教育他，我想让他自己获得答案。

于是，我给了小斯宾塞两本书，一本是达尔文的《进化论》，一本是《圣经》。在我看来，在小斯宾塞接触的所有书中，这两本书有着非同一般的地位。这两本书既发展了他的兴趣，解答了他的疑惑，也深深地影响了他对世界的认识。

后来，小斯宾塞在剑桥大学撰写毕业论文《论世界的可知与不可知》时，正是受到这两本书的启发。而这篇论文，也让他获得了该校的博士学位。

我可以非常负责任地告诉各位父母，孩子天生就会对各种事物产生不同的兴趣，这些兴趣实际上是孩子潜能的外在表现。如果这些兴趣可以充分发展，就能发展为特长。事实上，世界上没有笨孩子，只有不会教的父母和老师。

大多数父母和老师都普遍陷入这样一种窘况，他们不是教育专家，无法正确地把孩子的兴趣与潜能进行对应，也无法系统诱导和深入发展孩子的兴趣。

而那些教育专家以及利用教育获得名利的人，他们对此既没有兴趣，也没有能力。不仅是在英国，就是在欧美其他国家，也没有人编写出一本与兴趣相关的趣味教材。

看看现在市面上的那些教材，枯燥无味，毫无趣味性。就好像如果不这样做，就不能展示出教育专家的专业性和学术性。而且，更加荒谬的是，他们竟然秉持着这样的观念设计考题。

在诱导孩子的同时，帮助孩子开发智力，我想给父母提一些建议：

（1）当发现孩子的兴趣时，不要因为这种兴趣"无用"，就指责或批评孩子。

（2）巧妙利用这种兴趣，可以让孩子获得快乐，变得更加专注，从而主动学习相关知识。

（3）帮助孩子学会利用查阅资料和请教他人的方式得到知识。

（4）让孩子学会做记录，以锻炼他使用书籍、文字及图画的能力。

（5）如果孩子还不会写字，父母也要给他一个笔记本，在帮助孩子写下题目后，让孩子进行口述。

（6）在做记录时，不要用"任务""作业"之类的词开头，要写个有趣的开头。

» 不要用暴力和惩罚培养智力

在培养孩子的智力时，急于求成和放任自流是两种有害的态度。而比它们更糟糕的方式，无疑是暴力和惩罚。

在教育孩子时，暴力和惩罚往往是父母最后使用的一种方法，但是在我看来，这是最不可取的方法。因为，这种方法不会产生良好的效果，特别是在培养孩子的智力方面。

或许在培养孩子的品德和伦理方面，暴力和惩罚起到过一定的作用。但是在培养智力方面，这样做只会适得其反。

我上百次看到这样的情景，父母或老师用异常严厉的口吻训斥孩子："你怎么这么笨？连这么简单的题目都不会做吗？""要是记不住它，你今天就别想出去！""你看看约翰，他比你强太多了！"……

父母或老师的愤怒似乎都扩散到了空气中，几乎要把孩子的耳朵震聋了。可是看看孩子，除了极度紧张地盯着地面，或者茫然地看着书本外，他们不知道还能做什么。

我很理解这些父母或老师，知道他们这样做是为了让孩子集中注意力，他们认为，激烈的斥责和惩罚可以让孩子把注意力放在要做的事情上。

可事实上，这样的行为只会让孩子心生恐惧，而这种恐惧将充斥着他的整个大脑，让他大脑一片空白，不知所措。在种毫无洞察力、内心慌乱的情况下，想要孩子把注意力集中到书本或知识上，是不可能的。

其实，注意力分散、马虎健忘、喜新厌旧，这些很容易发生在儿童时期。有时，孩子会自然地表现出这些特征，有时则是故意为之。

孩子故意这么做，只能说明他在反抗。只要你知道孩子的情绪因何产生，就能让他放弃这种对抗。毕竟，孩子也不希望长时间如此。当孩子无意地表现出这些特征时，就要温柔地提醒他，给他时间慢慢改正。

如果你经常斥责和惩罚孩子，你在孩子心中就会留下一个恐怖、可怕、令人不安的印象。就像形成了条件反射一样，只要你一出现，孩子就会陷入紧张和不安，教育也就无从谈起。

父母可以回想一下自己的童年经历。当你被斥责和惩罚时，你会注意到那些知识吗？答案一定是"不会"。你只会注意那个喋喋不休者的表情，以此推测情况会恶化还是好转。

在成人看来，他们对孩子具有支配权，但是，即使父母和老师想要支配孩子，也要千万小心，不能让孩子成为胆小的稻草人，因为心中的恐惧而不停地颤抖。也许，这样可以让孩子变得更听话，但对孩子的成长却毫无益处。

一旦发现孩子有了这种恐惧情绪，就要停止对孩子的知识传授。正如你不可能在颤抖的纸上画出美丽的图画一样，你也不可能让一个内心颤抖的孩子学到任何有用的知识。

我觉得，在培养孩子的智力时，你必须要表现出你的亲切和善意，这种情感的流露会给孩子很好的鼓励，让他愿意服从父母或老师的指导。只有在感觉平和、舒适的情况下，心灵才能留下知识的痕迹和各种印象。

我有一位在哈佛大学任教的朋友威克先生，有一次，他在写给我的信中提到了父亲对他的教育，他说：

父亲总是不停地斥责我，有时还会用皮带或树枝打我，但这对我的学习没有丝毫帮助。后来有一次，父亲在大雪天徒步三十多公里给我买了书，这个行为，让我产生了从未有过的学习动力。

说句心里话，在教育孩子时，真像是在重复耶稣为人类做过的事情。

我给父母提出这样几点建议：

（1）父母要知道，恐吓或者训斥孩子，对孩子的智力发展没有一点好处。

（2）不管是什么样的孩子，都能用比暴力更好的方法开启智力。

（3）孩子只有在舒适、平和、快乐的心态下才能学习知识。

（4）惩罚对孩子的学习没有帮助，要知道，鼓励和爱比鞭子更有用。

（5）知道什么时候停止教育，和知道什么时候开始教育一样重要。

第七章　认识孩子心智成长的规律

当我很自然地写下这样的题目时，我被自己吓倒了：这是怎么回事？难道没有人认识到孩子心智的成长规律吗？难道孩子所接受的教育都存在问题吗？

虽然残忍，但这些都是事实。不过，这也不诧异，人类不可能在一开始就了解所有事物的规律。比如最初看到雷电时，人类认为是天神在发怒。比如在 15 世纪时，人类不知道地球是球体。

对教育问题的认识，同样也存在着一个发展的过程。也正因为这样，才能使更多的孩子接受到教育、接受到更加科学的教育。

在时代所拥有的社会形态下，教育的方法和制度也受到很大的影响，尤其是官方教育以及官方进行的各项教育研究。事实上，个体会在大体上反映出整体的状况。

在专制制度下，统治者会利用暴力、垄断知识和舆论的手段约束子民，并让他们接受一套荒唐的逻辑。这种制度造就了暴力的学校纪律，这种纪律使人失去自由，永远在棍棒下行动。

遗憾的是，这样的教育制度竟然沿袭下来，成为一种主流教育思想，父母们争着把孩子推进火坑，无意中让孩子成为专制制度下的牺牲品。

》 心智没有一定的模式

随着专制制度的取消，教育也做出了相应的改变。现在，幸福慢慢变成了合法的目标。成人的劳动时间被缩短，公共娱乐也得到了认可。在教育方面，父母和老师也认识到，孩子的愿望并非无理取闹，逐渐开始鼓励孩子玩游戏。

在那些专制的时代，人们普遍认为，孩子的心智可以按照一定的模式发展。孩子的能力获得源于老师和学校，他们就像一个器皿，等待着知识的装入。

但是，当这种专制结束后，我们才发现，心智的发展是个循环渐进的过程，外界给予的任何干扰都只能带来伤害，我们不能用固定的模式限制孩子心智的发展。

因为时代变化而造成的教育变化是如此巨大，以至于我必须将这些告诉父母和老师。

» 心智发展与身体发展一样重要

在孩子的身体发育和心智发育方面，人类曾经有过这样的误区。在某些时期，人们只重视孩子的身体发育，对心智的发展毫不在意；而在另一个时期，人们又特别重视心智发展，而忽视了身体的发育。

现在，我们必须将这两方面的发展结合在一起，因为，如果想要获得成功和幸福，在这两方面都必须有很好的发展。

一个人即使有聪明的脑袋，如果他的身体不健康，没有力量去支配大脑，这种聪明才智也毫无用处；同样的，如果一个人身体非常健康，但是他的心智却很不成熟，这也无法获得成功。

由此可见，要想获得成功的教育，就必须知道如何在身体发育和心智发展上下功夫。

» 发现知识比硬塞知识更重要

在记忆知识时，死记硬背的方法已经变得不合时宜，而且这种方法对孩子也是有害无益。而另一方面，利用原理记忆对孩子有益，也得到了证明。

比如，在记乘法表时，可以让孩子在运用中记忆；比如学习语法时，可以将孩子放置在自发的语言环境中。即使一定要使用死记硬背的方法，也要选择真理性的格言让孩子背诵。

在讲解法则和原理时，以往我们是先讲法则，然后才会告诉孩子其中的原理，这是一种从一般到特殊的学习方法。而现在，我们通常利用从特殊到一般的讲解方法。

比如，在告诉孩子"生物离开水无法生存"这个法则时，我们会先让孩子讲一些生物离开水后死亡的例子，然后才告诉孩子这个普遍的法则。

我们明白，如果一样东西永远有用，那么得到这样东西的过程也必然是费力的。俗话说"容易得到的东西也容易失去"，这句话对财富积累和知识积累同样适用。

单一的记忆或许很容易，但是遗忘得也很快。如果孩子能理解知识的内容，那么这些知识就会被孩子永远记住。当孩子主动发现知识后，解决新问题也会变得非常容易。当然，孩子没有那么多时间从无到有地去发现，但我们可以给予帮助，让他去发现。

如果只是让孩子单一地记住规则，但是当没有现成的规则后，他就会不知所措。如果孩子习惯主动发现知识，就能养成主动采用正确方法进行研究的习惯。

能不能成功培养孩子的智力，绝不是看孩子能记住多少规则，而是要看他能不能熟练地运用规则、能不能用正确的方法获得新知识。

» 一切学习都开始于观察

在培养孩子的观察力方面，经过不断地摸索和研究，我们最终看到了让孩子玩耍的意义和价值。曾经被当作毫无目的的游戏或玩耍，现在成了帮助孩子获得知识、为将来打下基础的重要手段。

观察力的产生，基于孩子了解外部世界的需要。它是儿童心理发育的一部分，是从小培养和发展起来的一个逐渐累积的过程。

有研究指出，孩子天生具有观察能力。婴儿的眼睛就像雷达一样不断地扫视着周围的一切，将看到的东西与自己的经验相结合，形成个人内在的知识。

当孩子稍大一点，他会学着区分事物的不同颜色、大小、形状，他们的观察能力开始由感觉到知觉，由浅入深，由表到里。

一个缺乏观察力的孩子，往往会发生视而不见、听而不闻、口不知味、心不在焉的情形，这样的孩子如何能发现问题，解决问题呢？行为冷漠僵化的孩子，必然无法很好地融入社会。

培养孩子的观察力时，要鼓励孩子从现实事物中体验知识所带来的趣味。培根曾说"物理学是科学的母亲"，这句话对于教育也有很重要的意义。

如果教育忽略了感官教育，就容易使人的精神困倦和不济。仔细思考一下，我们很容易得出结论，认真观察是获得伟大成就的必要条件，不管是艺术家还是科学家，不管是医生还是工程师，全都需要它。

我们还了解到，哲学家的伟大之处在于，他们能够看到别人看不到的事物之间的相互关系；诗人的伟大之处在于，他们能在现实中看到别人看不到的美丽。所以说，对孩子的观察力进行系统训练，是教育的第一任务。

» 快乐的知识是对孩子有益的

在所有的教育变革中，有一点需要我们特别注意，那就是，要让孩子感觉到获得知识是一件非常快乐的事情，而不是什么苦差事。

我们了解到，孩子在不同的年龄阶段会喜欢不同的智慧活动，而这些活动对他都大有益处。相应地，那些孩子所讨厌的智慧活动，则会对孩子造成伤害。

在学习知识时也是如此。孩子喜欢学习一种知识，就说明他的心智已经发展到可以接受这种知识的程度。相反，如果孩子不想学习一种知识，则说明这种知识不适合孩子的心智发展，或者是传授方法出现了问题。

在进行早期教育时，必须让孩子感觉到快乐，让教育充满乐趣。我们要认识到，适当的游戏对孩子的发展有巨大的促进作用，而我们的教育计划也会更加符合孩子的天性。

我的朋友马谢尔先生是个著名的教育家，他曾经说："我们应该满足孩子喜新厌旧的天性，但是在满足孩子的同时，也要注意使孩子得到相应的提高。"他还说："要掌握住学习功课的尺度，在孩子厌倦之前及时停止学习。"

在检验教育效果时，我们的标准应该是孩子是否充满快乐和兴奋。如果一种做法只是在理论上效果显著，而在实际操作时却不能让孩子感兴趣，那么这种方法就应该被放弃。

要知道，孩子对此做出的实际反应比成人在理论上的推测更可信，在获取知识时，能让孩子感觉快乐的活动就是有益的，而让孩子感觉痛苦的活动就是有害的。

» 教育步骤要由小见大

在教育步骤上，我认为，教育的内容必须与孩子的智力发展相一致。孩子心智的发展与自然界的发展规律是一样的，都是由小到大，由少到多，由简单到复杂，由部分到整体，由具象到抽象。能力的发展有序可循，不同阶段的能力发展需要的只是不同的给养。

比如，孩子要经过一个长时间的过程才能准确认识地球：地球是一个由陆地和海洋组成的圆球，圆球上有河流、山川、森林、城市等，地球在自转的同时，也会围绕着太阳公转。

如果不了解这些，只是知道地球的概括，那么即使孩子熟记于心，也只会认为理论上的地球和自己生活的地球没有一点关系。

» 自我教育能促进一生的发展

在教孩子进行自我教育时，应该多鼓励孩子自我发展，以正确的态度引导孩子自己探索、自己推理，要尽可能地少说，尽量多地引导孩子自己去发现。在众多获取知识的方式中，自我教育无疑是最主要的方式。

自我教育能获得很好的效果，而孩子知识和能力的获得也与自我教育密不可分。事实上，这一理论也在很多通过奋斗取得成功的人士身上得到了印证。

一些通过学校教育成长的人认为，教育只有在类似学校教育的方式下才能有效，让孩子做自己的老师，这是不可能的。

这是一个错误的认识。我们应该相信，孩子完全有能力进行自我教育，我们也应该努力给予他们相应的帮助，让他们完全掌握自我教育的精髓。

一个伦敦的流浪儿，没有接受过一天学校的教育，但他却拥有让成人都感觉诧异的生存能力和随机应变能力。

同样地，当有一天，你允许孩子自由表达他们的观点和看法时，你会惊讶地发现，孩子的机敏、智慧远远超过你的想象。

» 必须实行的实物教育

我们经过研究发现，除了婴儿、低幼龄儿童需要接受实物教育外，稍大的孩子和青年也要接受这种教育。实物的范围不仅仅是在家庭中、学校里，也应该扩展到其他范围，比如森林、矿山、大海、田野等，同时，实物教育的时间也应该适当增加。

在进行实物教育时，我们必须遵循大自然的规律。对孩子来说，恐怕没有什么事情比采摘鲜花、观察怪异的昆虫、捡各种贝壳和石块更让他们感到高兴的了。

如果你请一个植物学家带一群孩子到野外玩耍，你会发现，孩子们立刻发生了变化。他们会主动地帮助植物学家寻找植物，会非常专注地观察植物学家的举动，甚至会围着他不停地提问。

而在孩子知道了事物的一般特征后，我们应该积极地引导他们，让他们发现一些简单的事实：花朵是什么颜色的？有几片花瓣？花瓣是什么形状？这种形状是对称的还是呈辐射状的？叶子是对生还是互生？叶子有无叶柄？叶子的表面是光滑的还是有细小的毛？叶子的边缘是锯齿状还是钝齿状……要让孩子说出事实，并且记录下来。

当孩子到了一定的年龄后，我们可以给孩子一些工具，让他们在记录植物特征的同时，也将这些植物做成标本保存起来。这能给予孩子很大的满足，让郊游变得更有意义，也让孩子学会了研究事物的方法。

» 利用绘画完善早期教育

关于绘画的作用，一直是教育界争论的话题，绘画能不能促进孩子的心智培养？绘画仅仅是一门艺术，还是可以作为早期教育的内容？

经过多年的研究和实验，这些问题终于有了确切的答案，甚至还有了新的发现。绘画，不仅适用于孩子的早期教育，也是一个让孩子自我教育的快乐过程，因为绘画是孩子完全依靠自己的力量完成的。

孩子有一种强烈的绘画欲望，面对周围的人物、动物、房屋、树木时，孩子总想描述出来。即使没有纸和笔，他们也能找到绘画工具，可能是一块小石子、一小块沙地。

事实上，这种强烈的欲望与原始人类在岩壁上、山洞里作画是一样的，人类总是想把视线里的东西画出来。这似乎给了老师和父母一个暗示，即孩子希望他们在绘画方面有所发展。

这让父母和老师都感觉很兴奋，可是，如果想利用绘画锻炼孩子的观察力、描摹能力、色彩感和空间感的话，还需要掌握正确的方法。如果方法有问题，父母和老师就会像一个技术水平很差的木匠，即使有非常好的材料和完美的设计方案，也无法制作出好的作品。

父母和老师的做法，很容易使孩子的绘画天赋遭到破坏。有些人很用心地教孩子画画，结果孩子什么都没有学会。出现这个问题是因为方法和次序出现了错误，不符合孩子的心智发展特征。

在最初绘画时，孩子最感兴趣的是各种色彩，而所画出来的事物的轮廓只是为了更好地表现出色彩而已。在这个阶段，如果让孩子给一些图案涂色，孩子会感到特别高兴。不仅孩子喜欢各种鲜艳的色彩，成人也一样，这种先色彩后形式的事实已经得到证实。

如果在孩子刚开始学习绘画时，就要他画出一些复杂的轮廓，孩子很快会因为能力不足而感觉厌倦，从而放弃绘画。当然，一张图片不能只有色彩没有形状，可以让孩子先从简单的形状画起，然后逐渐由易到难。

我们要鼓励孩子，让他们画出一些充满趣味的事物，这样一来，孩子画出的东西也会充满现实感。孩子最初画得不准确是正常的，不管那些画的形状多怪异、颜色多不恰当都没有关系。

这是因为，我们在乎的是孩子在画画时发挥了手指、眼睛和思维的作用，而不是孩子是不是真的创作出了一幅真正意义上的画。我们让孩子在快乐中学会辨别颜色的同时，也让他们学会了控制手以及保持手的平稳。

在这个阶段，让孩子用"描图"的方法学习绘画，就和一开始就让孩子学习直线、曲线、复合线等概念一样，对孩子有害无益。"描图"剥夺了孩子自主选择描摹对象的机会，而概念教育则让孩子心生畏惧，产生厌学情绪。

事实上，可以按照先色彩后形式的一般原则教孩子，等到孩子可以自由地支配画笔、并且对比例有一定的认识后，就可以教孩子"透视"作图。这听起来似乎很难，实际上，孩子却很愿意学习。

在桌面上放一块透明玻璃，玻璃要和桌面垂直，在玻璃的对面再放一些物品，可以是书本或者杯子。此时，让孩子坐在玻璃的另一边观察物品，然后用笔在玻璃上点出物品的大致轮廓，连点成线，使玻璃上的线条与物品的轮廓重合。

最后，拿出一张纸放在玻璃的后面，使玻璃不再透明，然后将玻璃上的画与实际物品进行比较，孩子就会发现，画出的形状和实物的形状非常相似。

这能让孩子养成认真观察对象，并且进行临摹的习惯。时间一长，即使没有玻璃，孩子也能不由自主地描摹自己感兴趣的东西。

一般而言，孩子在绘画上的兴趣持续的时间都比较长，不管孩子以后会不会从事绘画方面的工作，鼓励孩子发展这种兴趣都是值得的。

当孩子长大拥有了自己的自然笔记后，他可能会为笔记画着插图和装饰。而在父母或朋友的生日时、亲人生病时，孩子也能用绘画传达自己的感受。孩子还能用绘画记事、讲故事。每画一次，孩子就能获得一次美妙的体验和成就感。

第八章　培养孩子自我教育的能力

» 自我教育的能力至关重要

　　我认为，在早期对孩子进行的智力教育，要像在青少年时期对他们的智力教育一样，必须是一种充满快乐的自助式学习过程。而在这个过程中，教育的重点应该是培养孩子的自我教育能力，而相对应的心智活动也必须得到孩子的认可。

　　第一，这样做保证了各种印象能在孩子大脑中鲜明而持久地存在，这种效果是其他方法所达不到的。孩子在通过自己的力量获得知识和解决难题的过程中，他的心智和意志也进行了复杂的活动，所以这些知识和解决难题的方法都只属于他自己。

　　完成这些活动所需要的种种，如心智准备、思维的集中感、成功后的兴奋等，结合起来使得知识的记忆变得更加深刻，而从老师或父母那里直接得到的知识是无法留下这种印象的。孩子可能会失败，但是由于思维高度紧张，一旦他知道了正确答案，就会立刻记住。

　　第二，让孩子学会自我教育，孩子就能将自己知道的分散的知识加以整理和灵活运用，这次得到的知识可以解决下一个问题，而下一个问题的解决又能为接下来的新问题提供前提。就这样，知识很快就可以转化为能力。

　　第三，这种训练可以磨炼孩子的意志，可以培养孩子的美好品德，让孩子能勇敢战胜各种困难和挫折。不管失败多少次，总能不断地坚持下去。这种性格对孩子的将来很有益处，让他们在重视自己荣誉的同时，也能积极地面对现实。而这些，也成了孩子性格的一部分。

第四，这个方法可以让孩子的内心充满快乐。这种快乐不仅来自外界的奖励，更来自于活动本身。长久以来，禁欲主义者认为，快乐是一种不正确的奢侈和享受。他们却没有注意到，快乐是心智正常活动的前提条件，利人又利己。

我想给父母和老师提出这样的建议，并希望他们能接受：

（1）在早期教育时，注重培养孩子的自我教育能力，比给孩子任何财富都珍贵。

（2）如果说身体是父母给孩子的第一生命，那么培养孩子的自我教育能力，就是父母给了孩子第二生命。

（3）孩子能不能发自内心地感觉到快乐，是衡量教育方法和内容是否正确的标准。

» 培养孩子的自助能力和习惯

夏天到了，在经历了一场大暴雨后，德文特河狭窄的河面变得宽阔起来。流动的河水不时夹着芦苇花和橡树干，不停地向远方流去。

在这个夏天，小斯宾塞10岁了。他写了一篇名为《星云假说》的文章参加了爱丁堡大学的自然征文比赛，并且获得了大奖，这让他的名声更加响亮。

一时间，众多教育专家、大学校长纷纷来信，想要和我探讨关于早期教育的一些问题，而我们教区的牧师则再次邀请我为大家解答如何帮助孩子进行自我教育的问题。

很多人认为小斯宾塞是一个天才，可我并不希望大家有这样的想法。因为，我非常清楚地知道，小斯宾塞的各种能力和思想都是经过了怎样的过程才得到的。

我很不希望，父母只是把目光放在结果上，一味地羡慕，却不去学习开发孩子智力的方法。事实上，这是一个漫长的过程，充满各种快乐，即使需要花费一些脑力和精力也是值得的。

（1）用兴趣刺激孩子自我教育。

对孩子来说，最有吸引力的就是满足他们的兴趣，即使这些兴趣让孩子吃苦受累，他们也非常愿意忍受。

可是，在现实生活中，父母和老师总是会面临同样的难题：

一是孩子的兴趣过于广泛，有些兴趣看上去并没有什么发展的可能性，对孩子以后进入社会也没有丝毫帮助。

二是孩子的兴趣变化太快，今天爱好这个，明天爱好那个，喜新厌旧，很难让孩子按照兴趣的引导去发展.

三是孩子的兴趣与父母对他们的期望截然不同，父母很难放下自己的期望去满足孩子的兴趣。比如一个孩子爱上烹饪，但是他的父母却想让他学习小提琴或钢琴。

在我看来，不管孩子的兴趣是无用的还是奇特的，都不影响对他进行自我教育。当孩子拥有了这样的能力和习惯，就能引导他成为一个出色的、卓越的、非凡的人。

如果孩子喜欢烹饪，那就让他去做；如果孩子喜欢做木工活，那就从简单的木工活入手。一般而言，如果一个孩子在某方面并没有潜能，那么他在这方面产生的兴趣也很容易消失。要知道，趋易避难是人类的本性。

如果孩子在很长一段时间对烹饪感兴趣，那就可以说明：他能敏锐察觉到事物的特征；他擅长组合以及合理搭配，让整体达到更好的效果；他很在乎事物发生的变化；他能很好地把握量和度的观念；他热爱群体生活，善于满足他人，并且让自己得到快乐、赞美或者其他回报。通过这些，我们很容易知道，这个孩子是个领导能力和组织能力较强的人。

事实上，结果确实如此。在众多喜欢管理和组织的人当中，有很多人对烹饪感兴趣。当然，孩子也有可能成为一个厨师，这并不重要，重要的是，孩子是不是受到了准确的指引。只要愿意公正地分析，你会发现每一种兴趣都有自身的价值。

远在公元 1 世纪，伟大的耶稣向人们讲述爱的伟大。他没有像摩西那样创造出十条戒律，也没有把自己伪装成深不可测的人、病人、石块、兽群、小官吏等，他的爱永远和这些普通事物联系在一起，而且，他口中的爱让人的内心更平静，也更温柔。

这种方法是非常正确的方法，父母在面对孩子的兴趣时，在引导孩子利用兴趣进行自我教育时，都可以使用。

在通过兴趣完成自我教育方面，我有一些建议：

给孩子一些必要的帮助，如提供书籍、各种材料、使用工具等。

不干涉孩子的兴趣，让他自己动手完成，即使遇到了困难，也只能鼓励不能插手。

●让孩子的兴趣能对家庭有所贡献，让孩子体验到兴趣和劳动的价值。

●让孩子对自己的兴趣进行讲解。

●向孩子提问，让他依靠自己的力量寻找结论。

分阶段对孩子的兴趣果实进行评价，评价要富有变化性，并且让孩子察觉到这一点。当孩子看重评价时，就会为了得到更好的评价而努力。

如果你希望孩子可以长时间保持一种兴趣，你就不要轻易满足他；相反地，如果你想让孩子放弃某种兴趣，就要毫无条件地满足他，那么这种兴趣很快会变得无趣。

（2）提前准备好满足自我教育的工具。

如果一个孩子喜欢研究植物，他看到了植物的生长过程，从最初的发芽到长出绿叶，从开花到结果，他都非常关注。

可是，这个孩子却没有一本关于植物的书籍，他不知道怎么采集植物标本、怎么进行整理，更不知道制作标本的方法。而且，他的身边也没有必要的防腐剂。

这样一来，孩子的兴趣就会一直处在第一阶段，时间一长，这种兴趣也会消失，更不可能帮助孩子拥有自我教育的能力了。对孩子来说，兴趣虽然让他感到高兴，但是坚持下去的难度太大了，他不得不放弃，这也是很多有天赋的孩子变成平庸者的原因之一。

所以，父母要为孩子的兴趣发展做好准备，即提供工具和图书。你不一定要给孩子很多书，过多的书反而让孩子不知道珍惜，你要给孩子一本好书。教育人士和机构要依据孩子的兴趣提供简易的产品，让孩子得到有效的帮助。

这个过程就像是排练一场戏，有没有道具影响了整场戏的视听效果。

我为小斯宾塞的兴趣做好了充足的准备，我给他制作了放植物标本的册子、固定用的夹子、纸张、放大镜、背包等。这些东西，都是促进小斯宾塞自我教育的功臣。

我还告诉小斯宾塞收集标本后要进行晒干和防腐处理，然后根据植物的种类分开放置，并且写一段文字加以说明。

总之，父母在孩子的兴趣发展上要有一定的耐心，要花时间帮助孩子解决他遇到的难题，使孩子的兴趣可以持续更长的时间。

当然，这样做的时候也要注意一点，父母提供的工具不要过多过好，这样很容易吸引孩子，使他忘记原来的兴趣，转而喜欢上这些工具。

（3）鼓励孩子参加兴趣小组。

"难过可以一个人承受，但快乐最好可以与人分享"，这句话放在孩子的自我教育上也非常适用。鼓励孩子组织或者参加一些兴趣小组，通过各种活动相互激励，或者将个人的兴趣与小组的目标结合，以促进兴趣的发展。

可以帮助孩子定期举行聚会，也可以让孩子组织或参加各种户外活动，既可以帮助孩子找到志同道合的朋友，也能让孩子体会到各种乐趣。

（4）让孩子自己拟订时间表。

很少有孩子会拥有时间概念，孩子天生向往自由，喜欢无拘无束的生活。但是，如果父母放任自流，把时间交给孩子自己支配，那么这些时间必然会被浪费掉。

然而，要是父母让孩子按照计划行事，又很容易产生不良后果，孩子要么感觉厌倦，要么就完全不放在心上，这也让父母丧失了对教育的信心。

实际上，这并不是没有解决的方法，最好的方法是让孩子自己拟订时间表。最初，孩子可能会兴致勃勃地按照时间表安排自己的行动，但很快他就会恢复之前的状态。

此时，父母也不要着急，可以适当地提醒孩子，并且按照孩子的表现给孩子打分。每周、每月都进行总评，给孩子相应的物质或精神奖励。

（5）培养孩子的生活自理能力。

通过对小斯宾塞的教育，我认识到这样一点，缺乏自理能力的孩子，在自我教育时也会表现得很差。自我教育并不是单一的让孩子学到一些高雅的知识，也包括培养自身的生存能力。

我很清楚，在现实生活中，天才寥寥可数。即使是那些在成功后被视为天才的人，实际上也是来源于生活。所以，当孩子年龄稍大时，要培养他的自理能力，不以劳动力的标准而是以孩子的标准来衡量，让他学会洗衣服、做饭、打扫卫生等。

要想真正做到生活自理，还要让孩子摆脱依赖思想，拥有独立的意识，同时养成热爱劳动的好习惯。

很多孩子，特别是家庭比较富裕的孩子，他们的生存能力实在让人堪忧。之所以造成这种情况，是因为原本理应由孩子自己做的事情，被父母或女佣代劳了，这是不行的。

（6）让孩子独立安排旅游活动。

周末时，一家人常常喜欢外出旅游，而安排旅游计划的工作一般都是由成人完成的。成人会考虑资金预算、住宿和用餐地点、所需携带的物品，还要考虑遇到突发情况怎么办。

在成人做这些工作时，孩子只是个旁观者，他们有时就像是不用动手的绅士，等待着别人替他安排好一切。

我觉得，要想教育好孩子，应该把成人和孩子的地位换一下，让孩子做个服务者，为全家人的外出旅游提供服务。

» 让孩子爱上阅读

我们都知道，书籍在传递知识的过程中做出了巨大的贡献，这一点在孩子眼中也是如此。

在一个有孩子的家庭里，如果没有一定类别和数量的图书，实在说不过去。

在我看来，不仅是家庭，每一个镇也应该设立自己的图书馆，即使图书馆只是从一间很小的屋子开始，以后也可以慢慢扩大规模和藏书。

阅读是孩子增长知识、扩宽自己视野的重要方法。因为阅读可以丰富孩子的思想，提高孩子对生活的认识，丰富孩子的精神世界，可使孩子更加理性地看待现实问题。

阅读虽说不能改变孩子的命运，却可以改变孩子的性格；阅读不能改变孩子人生的起点，但它却可以改变孩子人生的终点。从小养成阅读的习惯，对于孩子一生的发展都具有重要意义。

无论时代如何发展，阅读习惯都不应该成为孩子抛弃的习惯。阅读有很多的好处，因为多阅读可以充实自己，多阅读可以增加知识，多阅读可以增广见闻。

每个家庭都要有一定量的书籍，不管外界环境怎么变化，不管家境是变得殷实还是贫穷，书中的智慧带给人的力量是永远不会变的。我看到有些家庭的书籍经过一代又一代人的累积，俨然形成了一个巨大的知识宝库，还世代养成了求知的传统。

孩子最初都是一样的，但家庭有没有藏书，让孩子的生长环境有了显著的差异。

当然，除了这些，还有更重要的事情，就是让孩子拥有阅读的兴趣。

（1）阅读兴趣的培养越早越好。

很多父母觉得，婴幼儿几乎没有什么理解能力，念书给他们听就是在浪费时间，事实并非如此。婴幼儿在听父母念书时，一般会瞪大眼睛，一副没有听懂的样子。但是这没有关系，只要孩子不哭不闹，就说明念书对他的语言和理解能力产生了作用。

这个过程就像是树木的生长过程。你给一株幼苗浇水后，它不可能立刻长出叶子、开花结果，但是，即使你看不到它的变化，它的根部也在默默地吸收营养，纤维组织在缓慢地生长着。

除了小斯宾塞之外，我还研究过其他两百多个理解力比较强的孩子，我发现，他们有一个相同经历，就是从小就喜欢听书、喜欢读书。

对孩子来说，每天在哪个时间段阅读并不重要，只要孩子愿意在每天的同一时间花上 15 分钟时间读书，就一定能看到非常好的效果。

（2）父母要养成阅读的习惯。

孩子天生喜欢模仿别人，尤其是最亲近的父母。当孩子看见父母读书时表现出了快乐的情绪，他也会被书籍吸引，想了解书中的内容。

即使孩子因为年龄小，看不懂书上的内容也没关系，父母可以把书中的内容念给孩子听。

（3）给孩子一个独立的书架。

曾经有段时间，我看到小斯宾塞的书与我的书混在了一起，导致他常常找不到自己需要的书籍。为了避免这种情况再次发生，我和小斯宾塞一起动手做了一个小书架，作为他的专用书架。

我们给不同的书贴上了不同的标签，并且按照类别放置好了各类图书。这样一来，圣经故事、童话故事、儿童画报、神话传说、植物学、工具书都有了各自的位置。

小斯宾塞很喜欢也很爱惜自己的书架，每当有了新的书籍，小斯宾塞就会把它们按照分类整齐地放好，这个书架似乎成了他的图书馆。

事实上，如果条件具备，孩子都是很喜欢收集图书的，这种兴趣比存钱好多了。

（4）帮助孩子选择好的书籍。

就帮助孩子开阔视野方面来说，孩子接触的书籍自然是越多越好。但在很多重要的、值得持久性学习的方面，给孩子提供的书籍多了，不仅会显得杂乱无章，还容易鱼目混珠，让孩子接触不好的书籍。

所以，在给孩子选择书籍时，要像给孩子选择老师那样慎重。有些时候，读五本书的效果可能比不上读一本书。就好像听人讲话，智者的话会让你认真聆听、久久回味；而烦琐、空洞的夸夸其谈，则会让你很倒胃口。

给孩子选择图书，也要根据年龄的不同进行区分。一般来说，3~6岁的孩子爱看配有彩色图画的简短故事、科幻故事和动物童话，书中的一些简短、有趣的重叠句对孩子很有帮助。

6~8岁的孩子在阅读书籍时，渐渐有了自己的喜好。除了父母安排的重要书籍外，可以试着让孩子自己选择想看的书籍。

至于8岁以上的孩子，他们会喜欢看一些富有幽默的故事、传统的民间故事、古典书籍与名著、奇幻故事以及侦探推理小说。

阅读净化孩子的灵魂。书能够影响人的心灵，经常阅读的人，就会发现自己心灵的缺陷和不足，从而不断改变自我。对于孩子的成长而言，主要任务就是阅读。

凡是阅读多的孩子，一般来说，其视野必然开阔，其精神必然充实，其志向必然高远，其追求必然执着。一个人的精神发展史，就是这个人的阅读史。

阅读教会孩子思考。经常阅读的孩子会思考，知道怎样才能想出办法。他们智商比较高，能够把无序而纷乱的世界理出头绪，抓住根本和要害，从而提出解决问题的方法。

这些，都是平时不阅读的孩子所欠缺的。他们从来不会乱说话，言必有据，每一个结论会通过合理的推导得出，而不会人云亦云、信口雌黄。

阅读给孩子人生进取的力量。通过阅读，孩子可以站到更高的人生境界，体验人类的高尚精神，从而在自己人生面对挫折和困惑的时候，给自己无穷的前进力量。

阅读不能改变人生的长度，但可以拓展人生的宽度；阅读不能改变人生的起点，却可以定位人生方向。孩子成长离不开书籍。让孩子读一本好书，或许就改变了孩子的命运。

第九章　让孩子在快乐中写作

我认为，世界上比语言更生动的是真实的情感和思想，比言辞更有魅力的是真实的事物本身。富含真理的语言，比任何雄辩都更有说服力。如果真的存在写作法则，我想，以上就是法则。

如果一个人想要提高自己的写作能力，就要学会细心观察、用心感受周围的人和事物。如果想增加自己话语的吸引力，就要多听听内心的声音。

» 找到适合自己的写作语言

范文是教孩子写作与表达的好材料。在要求孩子阅读范文时，我们要告诉孩子，范文能感动我们，或者说服我们，绝不是因为它们的范文身份，而是因为它们是真实的，用真实的情感和思想描述了真实的生活。

我们要让孩子知道，他可以用来写作的素材也有很多，只要内容是真实的，就能带来美感，也能得到大家的认可。

最初，我们选择这些范文的目的，是想通过阅读这些文字优美、感人的文章提高孩子的语言表达，启发他们的思想。可是，孩子的理解却出现了偏差，以为一定要写出范文一样的文章才行，孩子成了复制品。

忘记了自己专属语言的人是痛苦的；被迫选择用别人的口吻和思路来进行表达，也会充满了苦闷。就像走路，如果一个人因为自己走路的姿势丑，就一味模仿他人的走路姿势，到了最后，他可能就会忘记了怎么走路。

» 写作就是把回忆变成文字

有一次，小斯宾塞向我询问写作的方法，我建议他，可以先写写屋后的花园。小斯宾塞就这样走到了花园里，坐了一个下午，却只写出了为数不多的几句话。

当我查看他的作文本时，他说道："我真的不知道可以写什么。"

我知道，小斯宾塞也遇到了语言障碍，这是大多数孩子都会遇到的情况，他们既不知道怎么把回忆表达出来，也不知道如何把眼前的事物转化为文字。总之，写作在他们看来，是一件很复杂很困难的事情。

于是，我对小斯宾塞说："让我们试试快乐写作法。比如，你写一篇关于花园的文章，你可以想象要把花园的情况写下来给最好的朋友看，使他看完以后愿意来花园玩，这样写作会变得简单。而且，你熟悉花园里的一切，所以不用像写生那样，可以一边回想一边写。"

小斯宾塞听了我的话，很快动笔写起来。这一次，他写得很顺畅，把花园中的花草树木以及最佳观赏时间都做了介绍，以此让好朋友了解花园的魅力。

在读了小斯宾塞写的《屋后的花园》后，我也被深深地打动了。原来，在小斯宾塞的心中，花园是一块人间的乐土，他在文中写道：

"在夏天的夜晚，天上有时会布满繁星，此时，我便会静静地坐在花园里，欣赏它们的身影，听它们说着俏皮的悄悄话。凉风吹过，树叶似乎也开始低声细语地讨论起来……"

» 不要让出色的语言阻碍写作

通常，拥有语言天赋的孩子都有很强的口语表达能力，他们对周围环境中的语言有很强的敏感性，可以迅速吸收和学习新的词汇。

他们的表现也让父母感到非常惊讶，小小年纪，就能准确运用各种词汇和修辞手法，而句子与句子之间的连接也非常准确，在辩论中也常常取胜。

和其他孩子相比，我们认为，这些孩子会在写作时占据更多的优势。

可让人奇怪的是，他们中有很多人写不好作文，这是为什么呢？

我认为，原因很简单，孩子在语言上的优势影响了他的真实表达。而那些语言天赋并不突出，甚至稍显笨拙的孩子，却能写出好作文。因为，他们更重视语言，能听到内心和外界的真实声音。

在教孩子写作时，一定要提醒那些语言表达能力强的孩子，语言只是表达真实的思想与情感的工具，如果语言失去了真实，就会变得空洞而乏味。真理虽然朴实，却人人都爱听。

我们还应该让孩子知道，虚构的东西永远不是真实的。就如童话是虚构的，不能让孩子当作真实的。

但是在写其他文体的作文时，必须用真实的语言进行描述，要表现出生活真实的一面，要流露出真实的情感。当孩子明白这一点时，他的语言天赋就能成为写作上的一大优势。

我曾到镇上的公立学校做演讲，主要讨论作文的写法。在那次演讲时，我提出了写作必须要真实的观点。学校的一位拉丁语老师反驳我说："难道我们不应该鼓励孩子发挥想象吗？"

是的，我们需要培养孩子的想象力，但是，在此之前，我们必须让孩子学会怎么去描述自己以及外界事物，怎么描述自己的回忆。

至于虚构，在编写故事和童话时可以让孩子这么做，但是，不能为了写好作文而去激发孩子的想象力，就像我们不能因为题目是快乐就让孩子假装很快乐。

» 让写作成为孩子自己的事

到底应该如何给写作定位？写作是一项学习任务，还是一件孩子愿意去做的事情？我想，这是孩子、父母、老师三方都关心的话题。有人认为，写作应该在父母和老师的要求下进行的，我并不这样认为。

实际上，写作无关他人，是孩子自己的事情。父母和老师必须让孩子认可这一事实，才能让孩子拥有真正的语言表达能力，并且学会写作。

我在训练小斯宾塞的写作能力时，一直让他自己选择和拟定要写的题目。最初，我也像其他父母一样，给小斯宾塞规定作文题目，可是不是写不出来，就是不感兴趣。

后来，我尝试放开手，让小斯宾塞自拟题目练习写作。让我惊讶的是，写作居然变成了一件让他快乐的事情。因为，那些题目是他自己拟定的，所写的东西也是他熟悉的，比如题目"蜘蛛的网""德柏特家的狗"等。

在小斯宾塞写的文章中，有一篇名为《与斯宾塞先生夜谈》的文章非常有趣。那是一篇关于我和小斯宾塞谈话的文章，他甚至把我们讨论"耶稣为什么不逃走"的谈话也写了出来。

小斯宾塞自己拟定的题目与我拟定的题目，诸如"怎么成为一个绅士""谈谈祖国"等，相差很大，但他所写的文章，每一篇都特别真实，也非常有趣。

受到我的这种方法影响，镇上其他孩子也开始写出真实的文章，这引起了一些父母的不满。有一次，史蒂文太太怒气冲冲地来到我家。

她用稍带讽刺的声音对我说："伟大的教育家先生，你看看，这就是你让孩子写的作文吗？我的上帝啊，这都写的什么呀？"

史蒂文太太一边说，一边把作文本扔给我。我接住作文本看了起来，题目是"我的上帝啊"。我心里暗想：好巧啊，这不就是史蒂文太太刚刚说过的一句话吗？

文章是这样写的：

我的妈妈是大家口中的史蒂文太太，她根本不喜欢我，总是指责我不听话。在大部分时间里，她那与众不同的尖叫和恐吓总是让我感到恐怖。妈妈经常说这样的话：

"你是不是想挨揍了？"

说实话，这个世界上有哪个孩子愿意挨揍呢？如果妈妈问我想不想吃冰淇淋，或者下周是不是待在家里玩，我肯定立刻回答她。可是，她总是揪着我的耳朵问我是不是想挨揍，我知道即使回答了也没有用。

"你要再敢胡闹，我非剥了你的皮不可！"

这句话可比打我一顿更有威力，我曾经见过妈妈剥兔子皮的情景，我也不希望她利用我来练习这种剥皮技巧。

"你听着，这是我最后一次和你好好说话。"

听到这句话，我心里就暗想：什么"最后一次"，后面还会有很多"最后一次"。

"你以为自己是什么人？"

妈妈说这句话时，总是让我产生一种错觉：妈妈会不知道我是谁吗？有时，我甚至会想，在我身上是不是有什么出生的秘密？我是不是被妈妈抱错了？

"我天天为了你们洗衣服、做饭，手上全都是小伤口！"

事实上，我一直建议妈妈戴上手套干活，这样可以保护双手。

"你以为，我们花的钱都是从天而降的吗？"

说实话，我特别希望是这样，否则，妈妈又会说："你以为，地里能长出钱吗？"

"唉！我的上帝啊！"

这是最让我绝望的一句话，难道妈妈认为自己是上帝吗？

看完这篇文章，我差点笑出声来。我认为，这篇作文写得挺好的，虽然观点稍微有点过火，但语言却不乏生动和幽默。

我看着史蒂文太太，问道："你觉得，文章写得真实吗？"

史蒂文太太回答说："真实是真实，但是，也能算是作文吗？"

在我看来，这当然可以算是一篇作文，而且还是属于孩子自己的作文。我相信，如果把作文拿给一些父母看，也会启发他们改变教育方法。

我不明白，为什么父母都喜欢让孩子写一样的作文题目？如果孩子没有经历过题目所要表达的事情，那么他要怎么办呢？

在前几年的一次高考中，作文题目是"母亲"，这真是让人无语。那些毕业于福利学校的孤儿，要怎么写这篇作文呢？还有其他孩子，可能在一出生时就失去了母亲。对这些孩子来说，也太不公平了。

还有个作文题目是"我所敬爱的人"。对于很多孩子来说，他们还没有在生活中发现自己敬爱的人，那要怎么写呢？要撒谎吗？

我很明白，教育大臣想出这样的作文题目，实际上是用心良苦。可是，这样的做法却扭曲了写作本身。写作原本是孩子自己的事情，现在却变成了满足教育大臣或老师的工具。

　　命题作文的坏处显而易见。即使你是个写作高手，可遇到了自己并不熟悉的命题时，也是不知如何下笔，无法考入理想的大学。

　　值得一提的是，教育部终于认识到了命题作文的弊端。现在的写作要求在题材的选择和体裁的应用上，都给了孩子很大的选择空间。

　　除此之外，小斯宾塞能长时间对写作保持兴趣的另一个原因是，我一直都鼓励他写出自己想写的内容。而当他完成作文后，我会给他文法和修辞上的指点。

》 随时随地练习写作

　　写作是怎么回事？为什么有些孩子一听到这两个字就心烦，有些孩子却把写作当成一件快乐的事情？我想，这是因为有些孩子发现了写作的奥秘，有些孩子则没有。

　　我认为，作为父母和老师，要在孩子开始写作的时候就告诉他们写作的奥秘，就像告诉孩子什么样的泉水可以喝，什么样的菌类可以食用一样。

　　写作的奥秘是什么呢？

　　其实，这个奥秘就是对"写作是怎么回事"的解答。"写"是指记录，"作"是指的创作。

　　具体说来，"写"就是把自己的情感、思想、发展经过等记录下来，"作"是给这种记录安排合适的形式、语言风格等。"写"是真实的，而"作"是在真实的基础上使文章更富美感和说服力。

　　事实上，在现实生活中，有很多练习写作的机会，我们要利用这些机会，让孩子练习写作。

　　（1）记录。

　　在孩子掌握了一定的词汇量后，就可以给孩子一个记录本，让他把日常生活中听到的故事、新闻、奇人异事或者读过的书籍等记录下来，可以直接抄写书上的内容，也可以用一两句话简单概括。

小斯宾塞从 6 岁开始做记录，记录到后来，他用了很多个笔记本。笔记本上的内容很多、很全面，就像一本本百科全书。

做这种记录比写日记要简单得多，也更加自由，孩子通过这种方法可以很早就了解社会、人生、家庭、大自然等。

（2）墙记。

有些孩子天生就抗拒书本，不喜欢按照父母的规定在本子上写字。但是，对于父母明令禁止的事情，比如在墙上乱涂乱画，孩子却非常感兴趣。

遇到这种情况，父母也不用头疼，大可允许孩子在墙上写、画。父母可以找一面固定的墙，在上面贴上牛皮纸，并且划分出功能不同的领域，如漫画区、记事区等，让孩子自由地书写、涂鸦。

时间长了，父母会发现，孩子把墙壁作为了自己的私人财产，倍加珍惜。

（3）信。

孩子喜欢收到信件，那种渴望比成人更加强烈和隐秘。很少有人会主动给孩子写信，想要收到来信，就需要先写信给别人。

事实上，写信是一种非常好的写作练习。在英国，牧师、神父、童话作者等大多都会利用信件和陌生孩子交流，这对孩子的帮助非常大。

长久以来，我也把每天下午的 4 点到 6 点定为回信时间，专门给一些写信给我的孩子和他们的父母回信。

写信的方式由来已久，但直到今天，这种方式仍然非常受欢迎。从不谙世事的小学生到成就突出的杰出人物，都喜欢用写信的方式表达自己的思想和情感。

（4）日记。

在鼓励孩子写日记前，父母要给孩子准备一个与众不同的日记本，这能刺激孩子写日记的欲望。

我曾经亲自为小斯宾塞设计了一种日记本，后来一个商人从这种日记本上发现了商机，开始成批生产。很快地，这种日记本便在孩子们当中流行起来，这就是"斯宾塞日记本"。

（5）故事本。

并不是每种本子都适合做故事本，最好给孩子准备硬皮的、有插图的本子作为故事本。孩子都喜欢听故事、讲故事，故事本的作用就在于鼓励孩子用笔记录下听到的故事。可以记录家庭故事，也可以写下家族的历史等。

同时，父母也要鼓励孩子自己写故事。一般孩子到了七八岁时，会有强烈的展示欲望，想把自己记下的和创作的故事拿给别人看。

在我的提议下，镇上每年都会举行一次讲故事比赛。后来，这种比赛渐渐成了一个固定项目。而讲故事，也成了孩子业余时间要做的重要事情。

我们把感恩节的前一天定为讲故事比赛的日期，当这一天来临时，父母们和孩子们都会穿着干净、漂亮的服装，带着自己的故事本高高兴兴地参加比赛。

（6）续写练习。

这是一种看上去笨拙，实际上却很有效的写作方法。有些作文题目范围比较广，孩子不容易下笔。这时候，父母或老师可以先写出几段文字的开头，让孩子将段落补充完成，从而写出一篇完整的文章。

但是，要注意的是，父母或老师所给出的提示必须是轻松愉快的。在英国，很多学校利用这种方法教孩子写作，甚至还把这种方法作为一种写作项目让孩子练习，称为"续写"。

如果有一天，你看到孩子写作就像走路、散步、跑步一样容易，你就会了解，写作不仅启发了孩子的心智，也给他们的人生带来了各种乐趣。而且，写作也变得不再神秘和困难，成了一项富含乐趣和智力的游戏。

说到这里，你可能会发现，我提出的快乐写作和快乐教育都是建立在尊重孩子的天性上面的。我认为，没什么教育方法比自然教育更有趣、更卓越。

第十章 在教育中加入有效暗示

» 母性与生俱来的暗示能力

这种教育方法比较敏感，所以我一直在考虑要不要把它公之于众，那就是在对孩子进行智力开发时，使用暗示的方法。

我之所以犹豫，是因为很多人认为"暗示"这种方法只能在催眠术中或者心理治疗中使用。作为教育专家，我并不想掩饰这一点。但是我认为，暗示可以用于早期教育，它与爱和本能都有密切的关系。

我的外祖母、母亲以及我和小斯宾塞之间，一直都存在着暗示的教育方法。

我的祖母是一个传统女性，一直生活在祖父的权威下。她总是沉默着，不会给出任何建议。就是这样一位看起来不起眼的祖母，却给父亲和我产生了一生的影响，我称它为"祖母的暗示"。

父亲和我刚一出生，祖母就不断发现我们身上的独特之处，同时用充满自豪与赞赏的口气大声说出来。

比如"这孩子太厉害了，看东西时全神贯注""哇，这孩子的精力真是旺盛，手脚总是不断地动着""这孩子真讲卫生，哪怕只有一小处没洗干净，他就会抗议""这孩子的哭声真响亮，像打雷一样"……诸如此类。

这些在其他孩子身上也同样会出现的表现，在祖母眼中，却成了自己孩子独有的非凡天赋。到了后来，祖母甚至把孩子的表现同神奇的世界联系上。

祖母的话就像是一个个小的暗示，这些全部都出自她的本能和她对孩子深深的爱。所以，当这些赞语从祖母口中说出来时，是那么真实，让孩子信以为真。

巧合的是，我的母亲也是一位善于暗示的人。她经常说"这孩子手脚总是一起动，就像在纺线""这孩子真厉害，吃下这么苦的药都没哭""这孩子是个大力士，能拿得动这么重的东西"……结果，孩子相信了这种暗示，表现得很优秀。

祖母和母亲在另一点上的做法也非常相似。在孩子做出了不道德的行为后，她们都会很生气，把孩子狠狠地打一顿。也许是之前的暗示发挥了作用，被打的孩子丝毫不觉得自卑，反而会变得更加优秀。

后来我才知道，像祖母和母亲这样的女性在教育方面很有天赋。她们不用人教，就能把积极的暗示源源不断地给予孩子，同时又能保持自己的威严。

我通过观察发现，在这种暗示下长大的孩子，都具有非常不一般的品质。就算一时失败了，他们也能迅速站起来，开始新的努力。

另一方面，我也经常看到另一种暗示的情景。一些父母不知道暗示的影响之大，总是不由自主地做出一些消极的暗示。

父亲或母亲常常会说"我的孩子真的很笨""我家孩子根本没法和你家孩子比""孩子笨有什么办法？只能认命了"。

听听这些话，恐怕没有比它们更让孩子感到绝望的话了。更何况，这些话是出自自己最爱的母亲或者父亲的口中。

结果显而易见，**在消极暗示下长大的孩子，有的误以为自己真的很笨，便对学习失去了兴趣和信心；有的孩子感受了自己的力量，便会变得非常叛逆，对周围的一切都带有仇视情绪。**

» 积极的暗示促成好的结果

积极的暗示，尤其是来自于孩子信任的亲人、朋友或老师的暗示，能进入到孩子的内心，促进孩子的心智发展。

我的朋友，爱丁堡大学的教育心理学教授马丁做了一些实验，证明了以上观点的正确性。

马丁随意抽取了一批学生，并将这些学生随意分为 A、B 两组，然后告诉两位老师：A 组的学生都非常有潜力，智商高、意志强、有很多特长；B 组的学生潜力较低，智商一般，意志力也一般。

两位老师得到这样的信息后，便开始了各自的教学。这些学生的课程都相同，课程结束时，A 组学生的成绩果然优于 B 组。

到此，实验便宣告结束。马丁把实验目的和原理告诉了两个老师和两组学生，他们都感觉特别吃惊。后来，马丁又进行了数次实验，结果依然相同。

我发现，在对孩子进行暗示时，暗示开始的时间越早，作用越大。进行暗示的人和孩子的关系越亲近，效果就越好。

有时，我会想到宿命的问题，我想这种宿命体现在母亲对孩子的暗示上。如果母亲传递给孩子消极的暗示，孩子的命运也会充满不幸。俗话说："亲人的诅咒会灵验"，或许也说明了这一点。

有一点很有意思，我们生活中常见的暗示，和这种饱含爱的暗示是不一样的，这也是教育和其他领域的不同之处。

比如，一个孩子频繁地受到各种夸奖，这些夸奖不仅不会让他高兴，反而让他感到反感。如果这些夸奖并不符合实际，孩子就会感到压力巨大，从而厌恶这种夸奖。

相反，如果给予孩子的是一种充满爱意的积极暗示，就会使一切都那么真实自然。孩子看不出父母的功利，也不会感觉反感。这样的暗示能让孩子记忆深刻，持续长久。

马丁还做了另一项调查，结果发现，在品德好、智力突出的优秀人物当中，有 90% 的人在童年时期或者少年时期得到过积极的暗示，这些暗示大多来自母亲，也有一些来自父亲或者祖父母等。

既然暗示的作用如此强大，我们就要把这种暗示与巫术、心理治疗等分离开来，把他单独作为一种有益于教育的遗传信号。那么，具体要怎么做呢？

（1）暗示要与真挚的爱联系在一起。

只有真正地爱孩子，才能发现哪些暗示是对孩子有用的，这与其他一切科学都不相同。它有时可以看到孩子身上的潜能，有时可以看到孩子的性格优势，有时会大力赞美孩子的智力。

（2）暗示不是夸张，也不是掩饰缺点。

亲人在暗示孩子时，经常会夸大事实并加入一些自己的期望，这也属正常。但是，如果对于孩子的缺点也极力赞美，就会让孩子养成一些恶劣的品质，比如不尊重事实、争强好胜、不尊重真理等。这样的暗示与消极暗示一样有害。

（3）暗示能让孩子身心充满快乐。

积极的暗示能让孩子觉得自己的内心充满力量，也能感受到父母对自己的信任，这会给孩子带来非常强烈的满足感和愉悦感。

» 教孩子自我暗示的方法

爱默生说"一个人会成为他所想的东西"，马可·奥略留说"一个人的生活是按照他想象的样子呈现的"，威廉·詹姆斯说"我发现，如果想改变生活，就必须先改变大脑中的观念"。

对孩子来说更是这样。如果一个孩子总是觉得自己记忆力不佳，那么他就真的很难记住东西；如果一个人总害怕衰老，那他的衰老速度一定会加快。

事情就是这么神奇！如果让孩子每天都重复一些消极的话，如"我恨自己""我做什么都做不好"，那么，孩子就真的无法做对事。这就是自我暗示富有的力量。

自我暗示对孩子的成功很重要，能够更充分发掘出孩子的潜能。每一个孩子的心目中都存在着一种自我暗示的愿望。而研究发现，一个经过良好的自我暗示过的人，能够将能力发挥至80%~90%，而一个不激励自己的人，只能够发挥出自己能力20%~30%。

当孩子在生活和学习中碰到了不如意的事情，产生了消极退缩的情绪时，父母要及时让孩子多给自己一些积极的自我暗示，用一种积极乐观的心态来面对碰到的难题，从而能更理智地对待自己的问题，走出困境。

自我暗示就是在自己身处困境时，用一种积极的心理暗示来激励自己，让自己用一种乐观的心态来面对困难，从而能够理智地看清问题，找到正确的解决方法，战胜困难。

自我暗示也属于一种情绪转化，就是及时把自己的消极负面情绪转换过来，用健康正确的心态来面对问题。自我暗示也可以缓解孩子紧张的情绪和压力，让他们勇敢地面对失败，更好地掌控自己的情绪。

父母要让自己的孩子多和心态乐观的人交往，不断调整自己的人生目标，做一个积极上进的孩子。

有一天，小斯宾塞突然惶恐地问我："我们家的人是不是都神经衰弱？"我听到这个问题很诧异，询问之后才知道，小斯宾塞在书上看到了这样一个观点，如果让幼小的孩子掌握过多的知识，会让他的神经变得衰弱。

从那以后，"神经衰弱"这个词就刻在了他的大脑中，挥之不去。一旦感觉到身体有些异样，小斯宾塞就担心自己是不是神经衰弱。

我明白，之所以会出现这种情况，是因为小斯宾塞总是暗示自己"我的神经很衰弱"。为了解决这个问题，我必须采用一些积极的方法。

于是，我告诉小斯宾塞，如果每天早晨起床后，大声对自己说几句话，他的顾虑就会完全消失。我让他说的话很简单，如"我身体好、头脑好""感谢父母，感谢上帝，创造出一个这么完美的我"。

在刚开始的时候，小斯宾塞不敢大声开口，只能小声低语。后来，我总是提醒和鼓励他，让他大声喊出来。

一个月之后，我再也不用听小斯宾塞大声说这两句话了，因为小斯宾塞已经完全感觉不到自己有"神经衰弱"的毛病了。

在教育其他孩子时，每遇到类似情况，我也会教他们进行自我暗示，效果也都非常显著。

有一年冬天，劳尔神父为我安排了一项很有价值的任务。他把几个被教会收留的孩子送到我身边，希望我可以用新的教育方法教育他们。

当他们来到我身边时，我让他们用抽奖的方式从纸箱中抓出卡片。

卡片上写着两句需要他们每天都大声说的话，有"我要用快乐的话和别人打招呼""我充满信心和力量""我很快乐，这会让我成功""我有超强的记忆力"等。

这些卡片是他们自己抽到的，所以他们也愿意每天重复他们。最初，他们也和小斯宾塞一样，不好意思重复这些话。我只好一一询问他们的幸运语，并让他们大声说出来。因为我觉得，有了好的开始，事情就成功了一半。

时间悄悄流逝着，一周，两周，孩子说话时的声音变得响亮，表现变得自信。

冬天因为天气寒冷，雪也下个不停，户外活动少之又少。但是，在这些孩子的要求下，我们常常外出玩耍。有时，我们会沿着德文特河跑步，边跑边大声喊："生活真美好，我爱世界，我爱每一天。"引起大家的关注。

我知道，这些孩子之所以变得如此兴奋和充满活力，是因为自我暗示起了作用。

从幼儿时期到青少年时期的这段时间，暗示能激发孩子的生命力和智力。暗示让孩子平淡的生活更精彩，让孩子拥有明确的理想。而通过这些暗示，孩子能对未来充满希望。这样一来，任何会影响到他们心智发展的不利因素都会消失。

事实上，能给人类带来最大的、最积极的暗示的，不是别的，正是《圣经》。它让战乱中的人看到和平的曙光，让黑暗中的人看到黎明的曙光，让贫穷之人相信自己会被救赎，让被欺负的人看到善良的价值。这些暗示，让人类变得更加积极。

看看这些暗示：

"虚心的人有福了！因为天国是他们的。"

"哀恸的人有福了！因为他们必得安慰。"

"温柔的人有福了！因为他们必承受地土。"

第十一章 让孩子得到快乐的自然教育

» 利用大自然开启悟性

如果真的有一位老师，他能提高孩子对美的鉴赏力，又能让孩子开悟；他能让孩子看到事物发展的伟大规律，而又不使身体过于劳累；他随时实施教育，不管白昼黑夜，也不管天晴天阴，都不要一点报酬，而且总是诲人不倦。

同时，他公平地对待每一个孩子，充满宽容。在他的身上，你能看到父亲的权威、理性、热忱、豪放，你也能看到母亲的慈爱、感性、柔和、细心。他能在培养孩子的性格和品质方面树立良好的榜样，又能让孩子变得智慧且感觉敏锐。

那么，你愿意把自己的孩子交给他来培养吗？

这么伟大的老师，究竟是何方神圣？它就是守候着我们的大自然。

它就像上帝那么神秘，同时又似乎无所不能。

大自然的音乐课非常美妙。春天里，当从天边传来的雷声轰轰作响后，它那神奇的乐队便奏响了生命的乐章。

冬天走了，春天来了，一切都重新焕发了生命力。在北方的森林里、原野上、江河湖海中，不断感受到来自南方的大地气息。

森林里，无数的树叶哗啦哗啦作响，形成了美妙的乐音；江河里，冰雪融化，流水欢快地流动着，发出哗啦哗啦的歌唱声；田地里，禾苗随风起舞，低声吟唱；房顶上、树枝间、水面上、大地上，雨点扭动着身姿，哗啦啦地落下……

这些还只是简单的序曲，当夏天来临时，音乐会的风格变成了交响乐。在夏天，万物都开始冲向成熟，并且迸发出了各自的巨大力量。

就仿佛有一万个少年同时出现，从胸中涌出了带有巨大力量的气流，四肢的力量一天比一天强大，跃跃欲试，想要冲破世界的一切阻碍。

此时，雷声变得更加响亮，雨点舞动得更加热烈，太阳似乎集中了全身的力量，拼命地冲破云层，而夜晚时，一切又变得那么情深意切，让人难以成眠。这一切，会一直持续到深秋，直到天气变得有了凉意，人们开始思考。

秋天的演奏充满了恢宏气势。河流开始演奏舒缓的音乐，在夏天不断生长的树木、结满果实的果园、无数的稻谷，都为了更大的成熟而等待着。

在这个阶段，乐章变得更加庄严，更加丰富。前进和停顿融合，希望和目标合为一体，成长和思考不断相互冲击。

此时，不管是谁，只要看见了那些遍布在各处的丛林，充满灵性的田野，看见它们发出的金色光芒，都会被深深感动。

随后冬天也如约而至。此时，看不见的指挥棒停止不动，而各种声音也骤然停止。一切真是安静极了，人们享受着这种安静，开始为一年的工作进行收尾。而在早晨或黄昏时，他们开始倾听上帝。

生命的乐章是如此美妙，大自然的乐队是如此卓越，它上的不是一堂简单的音乐课，它把整个生命、整个世界，甚至是整个宇宙都融入了进来。

除了演奏，大自然在色彩和造型上的能力也让人惊艳。它清楚地掌握了万物的规律，它能治愈人类心灵的创伤。

一年，两年……我不停地带着小斯宾塞倾听大自然的音乐会。在这场规模宏大的音乐会上，小斯宾塞的心灵和智慧也得到了很大的启发。

对小斯宾塞来说，大自然是他的第二个导师，大自然的音乐课使小斯宾塞爱上了绚丽多姿的生活，爱上了事物之间的关系和规律。而在让他了解生命韵律的同时，也给了他无限的动力。

这些内容看上去似乎和教育无关，实则是教育的源头。

每一个拥有杰出成就和美好品德的人，都在一定程度上受到了大自然的无私指导。

在每个人的心灵深处，都拥有对自然的回忆，即使岁月流逝、即使人生充满变故，这种记忆也不会消失。

大自然的记忆，或许是倒映着点点灯火的小河，或许是夕阳下的遍布鲜花的山坡，或许是雨后湛蓝的美妙星空，或许是充满花香的橘子园。

在这片记忆里，幼小软弱的心灵可以拥有伟大的理想，悲伤的心灵也能得到轻风的抚摸和慰藉，而理想，也重新被赋予了新的力量。

神奇的大自然，是伟大而又不失温柔的老师，是渴望重塑孩子的父亲，是欢迎游子归来的家乡，是富有智慧的智者，是让孩子一生充满幸福的祝愿，是孩子永远的父母。

我饱含热泪、恳切地希望天下所有的父母都能让孩子接受大自然的教育。

我希望，父母们可以在孩子刚出生时就下定决心，让孩子接受大自然的教育。父母只需要拟订一份详细的计划，松开孩子的一只手，交给大自然即可。

» 让孩子学习写自然笔记

做什么事情都要付出劳动，就像要花费力气从苹果树上采摘苹果一样，父母要想让孩子的心灵和大自然连接在一起，也要拥有灵性和耐心。

虽然孩子的天性是喜欢自然、亲近自然的，但这并不意味着所有孩子都知道怎么聆听和触摸自然、感受自然的美感。所以，这需要父母先读懂大自然，然后指导孩子看、听、描摹。

当小斯宾塞刚刚 5 岁时，我就教他做自然笔记。有时，小斯宾塞因词汇匮乏无法正常表达，就会向我询问。

我笑着告诉他："做自然笔记，不用非要用文字写出来，你也可以画出来。想想自然是什么样子，然后画出来就行了。"

或许，"自然笔记"是个并不容易理解的概念，所以小斯宾塞将它称为"我的大自然朋友"。而在多年后,当我翻看时,发现里面文字和图画配合得相得益彰,思想也充满了神奇的色彩。除此之外,笔记中还有实物,一片叶子、一片花瓣、一粒种子……

就这样,大自然开始了对小斯宾塞的教育,而到了后来,这成了小斯宾塞非常喜欢的一件事情。

自然教育是充满乐趣的,这一点在小斯宾塞以及很多的英国孩子身上都能看到。要知道,相比抽象概念,孩子从具体事物中获得的快乐要更多。

即使是再普通的父母,只要能懂得大自然,并且让孩子把大自然当作自己的老师,就能让孩子从中得到持续一生的益处。

» 生活中的自然教育

直到现在,我和小斯宾塞仍然记得那段共同经历。而那段经历,发生在一个很平常的暴风雨之夜。

我记得,当时是夏天,赤日炎炎,一整天都让人觉得闷热不堪。到了晚上,当一道突如其来的闪电划过夜空后,隆隆的雷声也从天边追赶而来,发出越来越响亮的怒吼。

当时,风在吹着,百叶窗帘不停地作响,院子里的榆树枝不停地扫动着屋檐。同时,雨点也透过窗户缝渗透进来。这一切的声音合起来,就像是鬼哭狼嚎。偶尔有闪电划过,房间里就突然亮如白昼。

突然,我听到小斯宾塞的房中传来一声声惊叫,便立刻跑了过去。只见他浑身战栗地趴在床上,用床单盖住了自己的头。

我在床边坐了下来,轻柔地、缓慢地用手拍了拍他,想要借此让他安静下来。随后,我对小斯宾塞说:"你仔细听,听听暴风雨,里面隐藏着歌声呢。"

听我一说,小斯宾塞的注意力立刻被转移了,开始认真听起来。突然,响起一声巨雷,划过一道闪电,我立刻说:"听,敲鼓了!"而在狂风呜呜吹过时,我又说:"我听到了一把大提琴的演奏声。"

小斯宾塞纠正道:"不,不是的,是很多把大提琴的声音呢。"我听了,轻轻地摸了摸他的脸,心里感觉很欣慰。

那天夜里，暴风雨一直没有停，我和小斯宾塞也一直这样听着。当一切都恢复安静时，我和小斯宾塞早已甜蜜地睡着了。

第二天早上，小斯宾塞刚一起床就对我说："真是一场宏伟的音乐会，我能听到真是太幸福了！"

在德文特河边，有一条通往镇上的小路。而小路的两遍，都开满了灿烂的矢车菊。有一次，小斯宾塞像发现新大陆似的对我说："真是奇怪呀。为什么这条路上的矢车菊比其他地方的矢车菊长得高，花也开得又多又好看呢？"

看到他这么急着知道答案，我告诉他："你看这条路就在河边，每天都有很多人来提水，当水洒出来后，就会浇灌这些矢车菊，它们自然比无人照顾的其他矢车菊长得好。"

小斯宾塞顿时茅塞顿开，他低下头、弯下身子，开始仔细观察矢车菊叶子上面的小水珠。他一脸专注的神情让我特别感动。我相信，小斯宾塞一定从中感觉到了爱的力量。

类似的事情在朱莉身上也发生过。

朱莉是一个很漂亮的小姑娘，长得一头长长的卷发。让人心疼的是，她的听力很糟糕。尽管不是完全失聪，可朱莉似乎对此失去了信心。

有一年秋天，朱莉的母亲把女儿交给我，希望我能开导一下她。

这对我来说，是个极大的挑战。不管我说什么，都无法让她集中注意力来听。我明白，她仍然沉溺在自己遭受的巨大不幸中。有时，我放一段雄伟的音乐给她听，但她的注意力也只能持续很短的时间。

我决定采取新的教育方法。我不再放音乐，也不让她看书，而是让她用心听大自然和她自己内心的声音。

我打开窗户，映入眼前的是一些榆树。一阵秋风吹过，树叶纷纷颤动起来，而凉爽也被送入了屋里。我看到朱莉把手放在胸口上，闭上眼睛听起来，一脸陶醉，并且逐渐露出不一样的神采。我明白，她真的听到了大自然和内心的声音。

就这样，朱莉在我这里待了两个月。在朱莉回家后的一天，她母亲很激动地对我说："斯宾塞先生，你创造了奇迹！朱莉现在不但能认真听人说话，性格也变得开朗多了！"

» 制订自然教育计划表

很多有益的事情来自偶然，最终却转化为了必然。想要达成这种转变，需要把最初的模糊的善意转化为具体可行的计划。

比如，当人们偶然发现樱桃的美味后，便把樱桃树苗移种到自己家的院子里，每天进行浇水、施肥，还注意剪枝，最后，树上结满了樱桃。又比如，人们偶然发现锻炼的人身体更健康，便开始制订锻炼计划。

对孩子进行自然教育时，也需要制订计划。自然教育随时随地都可以进行，关键是父母要把孩子与自然的偶遇变为实实在在的计划。

根据我的教育经验，可以这样安排自然教育：

（1）0~3岁。孩子对外界的最初印象，来自于这个阶段。此时的孩子虽然不会分类、定性，但却能感受这个世界，也能把自己的感受与生命的过程联系起来。

这个阶段对孩子的性格影响很大，父母要多带孩子接触大自然，带他看月亮和星空，看日出和露水。环境的好坏、视野的开阔与否，都会对孩子的性格产生最初的影响。

所以，在这个阶段，父母不要担心孩子是否玩得过多，爱玩是孩子的天性。此时，孩子对大自然的感觉虽然模糊但却异常强烈，他能用肺呼吸，用眼睛观察。

父母不应该让孩子错过这些在大自然中不断变换的美景，它们是促进孩子心性成长的乳汁和面包。成人有时会忽略大自然的和谐与韵律，但是孩子却不会。

因此，孩子讨厌在家里玩，却总是不停地要求父母或者保姆带他们外出，到充满各种声音和色彩的地方去，到环境好、空气好的地方去。

一旦到了这样的地方，孩子就会变得平静下来，情绪也变得兴奋起来。孩子就像测量计，能迅速测出所处的环境是不是对自己有利。

对于自然环境在孩子个性和心性方面产生的影响，至今还没有明确的定论，但是结果却向我们表明，在好的环境中长大的孩子，性格温和且心地善良，而在不良环境中长大的孩子，则容易发怒、自卑。

（2）3~6岁。在这个阶段，孩子能对外界事物进行初步的分辨，能注意到大自然产生的各种变化。这是大自然影响孩子个性、智力形成的第二步。

这时，孩子会把自己的见闻留在思维中，他开始拥有记忆，这些记忆或清晰，或模糊，或让他感到愉快，或让他感到痛苦。

然而，孩子此时的判断力还是很差，他也可能把不良环境当成对自己有利的朋友，并在这种环境中染上一些他以为有趣但实际却贻害无穷的恶习。

大自然对孩子一视同仁，不管孩子的父母是富裕还是贫寒，是清闲还是繁忙。父母要开始系统地对孩子进行自然教育，从自然界中万物的功能、特征、变换和关系讲起。这门课程的教具数量大，质量也非常好。

（3）6~12岁。这个阶段的孩子开始进入校园，对自然界的认识也因为书本和课堂逐渐变得丰富起来。同时，孩子开始接触一个全新的社会，由班级、同学和老师组成。

孩子开始遇到各种冲突，与同学老师之间的认可与否定之间的冲突，好与坏之间的冲突。此外，孩子也开始拥有自己的意志力。

在这样的特殊阶段，大自然不仅是孩子的求知对象，更是给孩子讲解各种规律、帮孩子调节情绪、给孩子积极暗示的不二人选。

孩子要求知，那么对事物进行分析和定性就成了很重要的一步。然而，对美感的分析会破坏美感本身，而美感与真实又常常发生冲突。

有一些人，虽然是优秀的植物学家和动物学家，却丧失了对研究对象的美感。可是要想激发人的灵感、开启人的悟性，这种美感是必不可少的。

所以，在这一阶段，父母除了让孩子坚持记自然笔记外，还要教会孩子和大自然交流、并从中得到启发。

我认为，父母可以制订以下计划：

● 给孩子准备一个结实的笔记本，并和孩子一起观察大自然的现象。
● 每周空出一个晚上，给孩子讲一种事物的特征和变化规律。
● 每个月带孩子旅行，可以去山上、河边、花园，也可以在田野嬉戏。

●搜集大自然中的东西，可以是石头、花瓣、树叶、种子等。

●每年春天，让孩子亲手种下一株写有自己名字的植物。

●整理计划，制作成表格，或者图片。

» 大自然是最伟大的老师

"一个喜欢大自然的孩子，肯定不是坏孩子。"

一个人的成就大小，可能会因为从事的职业或其他原因有所不同，但他们的品德、个性和智力却一定都同接受的自然教育有关。一个人能不能感受到生活中的幸福和快乐，也和自然教育有关。

自然是位伟大的老师，它告诉了人类生命的本质，也诉说了万事万物的自然规律和法则。关键就在于，你是不是愿意满怀信心地去学习，并且愿意接受大自然的充满乐趣和智慧的启发。

人们常常认为，明码标价的东西就是有价值的，而不用花费金钱就能得到的东西是没有价值的。人们爱惜自己花钱买的东西，像房子、汽车、电器等。但对于那些对身体和智力都有好处的东西，仅仅因为得到它们无需花钱，人们就很少珍惜。

这实在让大自然很尴尬。可是，真实的事情却是，房子会被大火烧毁，汽车到了一定的年限会被销毁，而通过自然教育培养出来的个性、智慧等，却永远富有价值。

教育方法和技巧一直在发生变化，但教育的法则却始终不变，过去如此，现在如此，将来也是如此。

生命的法则有发生过变化吗？没有！自然的法则变化了吗？也没有！同样的道理，自然教育的法则也始终如一。父母要多做的就是，相信自然教育的力量，做出对孩子进行自然教育的计划，并展开行动。

我想，这样的计划很适合各位父母：

● 按期和孩子一起接触大自然。

赏月、仰望星空、拥抱森林、畅游江河。

●每月固定一天，作为自然日。

不管孩子的成绩是否优秀，是得到了表扬还是批评，全部都放下，和孩子一起在自然的怀抱中做一次彻底的放松。

同时，父母要对孩子说：

> 我的大脑放松了，
> 我的脸颊放松了，
> 我的颈项放松了，
> 我的双手放松了，
> 我的双脚放松了，
> 我的呼吸轻松了，
> 我的思维飞扬了，

然后再继续说：

> 我看见……
> 我听到……
> 我感受到……

● 每月与孩子讨论一个自然奥秘。

自然是一种平衡状态，这是宇宙中最伟大的规律。

海洋与陆地是相互制约平衡的，山川与江河是平衡的，春天与冬天的和谐存在，白天与夜晚分工合作，动与静共存，根与叶保持平衡。即使是那些只受过很少教育的父母，想必也知道这种平衡关系，这是生命的规律。

如果连这一点都不知道，就真是太遗憾了。如果不愿意了解这些知识，生命也会变得很可悲。

在对孩子进行这方面的教育时，可以先和他讨论树叶：为什么叶片上的脉络是对称的？为什么叶子的形状是对称的？在大自然中，你会发现不规则的植物叶子。

这就是大自然的奥秘，能帮助孩子获得融洽、平和的思维方式和心理状态。

第十二章　培养孩子的道德、意志和品质

时光飞逝，我们在德比镇的生活虽然平淡却充满快乐。然而，随着小斯宾塞年龄的增长，我需要解决的教育难题也持续增加。这其中的一些问题，已不是我个人的问题，而是应该由全社会共同解决的问题。

另一方面，由于我在家庭教育方面取得了一点小成绩，很多父母、老师，甚至是一些教育学者、隶属教育部的官员，都把我看作教育学家，他们的期望让我更加勤奋地研究教育问题。

在我看来，培养孩子的道德、意志和品质，与开发孩子的智力一样重要。在很多时候，它们是息息相关的。

一个在意志和品质方面有所欠缺的孩子，即使拥有某方面的潜能，也很难将潜能转化为成就；而一个孩子如果没有接受过道德和伦理方面的教育，他的智商越高，对社会造成的危害也就会越大。

就在不久前，镇上发生了两件骇人听闻的事情。这两件事促使我快速将自己的教育思想加以整理，并且告诉大家。

第一件事情发生在卡尔马特家。有一天晚上，卡尔马特的独生子小卡尔马特，趁父亲熟睡之际，拿着榔头把父亲杀死了。

事后，这个年仅 14 岁的孩子就像没做过这件事一样，按时去学校上课。当警察向他询问这件事情时，他表情轻松地说，自己这样做是因为父亲总是打他。

另一件事情发生在一个叫拉莫尔的孩子身上。拉莫尔总是用各种理由向祖母要钱，连续被祖母拒绝了几次后，拉莫尔把祖母活活掐死，抢走了她所有的钱。

听了这样的事情，我感觉心情沉重。我想，在小卡尔马特的父亲

和拉莫尔的祖母活着时，一定没有想到孩子会做出这种事情。但是，这一切就这么变成了现实。我们应该去责怪孩子，还是应该谴责他们的父母呢？

» 合格父母应该做的准备

在一条河流的某一段河面上，漂浮着成片的死鱼，河里的水藻等植物逐渐减少并消失，我们会认为河水受到了污染。

此时，科学的思维会引导我们到河流的上游查找污染源。如果没有发现问题，就会查看与这条河流相连的其他河流的情况。

在查找造成孩子目前所处状况的原因和教育问题时，我认为也可以用这样的方法。正在发生的事情一定有促使它发生的原因，而过去发生的事必然会产生一定的结果。

为了赚钱养活自己，人们会做很多很复杂的准备工作，但是，却很少有父母可以为了教育好孩子，而做大量的准备工作。

是不是因为教育好孩子很容易，不需要做任何准备呢？我想，大多数的父母都会否定这句话的可能性。

教育孩子一点也不容易，甚至可以说是成人从事的最复杂的工作之一。这项工作的结果不是创造出什么东西，而是塑造出一个真正的人。

父母想要完成这项工作，是不是等到孩子出生后，慢慢摸索就能完成呢？事实并非如此，有的父母会主动学习、摸索正确的教育方法，有的父母则凭借自己的心情和经验来教育孩子。这样一来，想进行成功的家庭教育真的很难。

现在，我们就很容易理解，为什么教育中会出现这么多问题，发生这么多不同寻常的事情。如果父母不做好教育准备，不对孩子进行正确的教育，尤其是道德教育，孩子的情况就会更糟。

不管是为了父母的幸福，还是孩子的幸福，我们都应该认识到这一点，如何对孩子的智力和道德进行正确的教育，是父母必须继续掌握的重要知识。

如果说，一个人能生儿育女了，就代表他的身体发育成熟，那么，当他会正确管教自己的孩子时，则意味着他的心智也成熟了。

一个妇女为了学会编织的方法甘愿徒步数十里路，也愿意在油灯下向别人学习。可是一个做母亲的却极少花时间学习如何教育孩子，更不会向别人请教教育方法，这难道不让人费解吗？

很多父母相信，孩子要因材施教，自己的孩子与别人的孩子是不同的，所以对教育孩子的一些基本原则和方法不屑一顾。

同样是种马铃薯，在山区种植和在平原种植的方法不一样，我们很容易理解。但是，土壤、阳光和水，却是马铃薯共同需要的。这些道理和教育孩子是一样的。

由于从没为教育孩子做过准备，父母们实行的教育就出现了两种极端：一种是直接当甩手掌柜，把教育孩子的责任全部推给学校；一种是完全凭自己的兴趣和情绪教育孩子。

这些父母从来没有想过，要对孩子的教育问题深思熟虑，他们根本不知道什么样的做法对孩子好。而他们所知道一些教育方法，也是过去实行的错误方法，可能来自童年回忆，也可能来自乳母或女佣。

在教育孩子时，我并不承认帕累斯顿关于"孩子天生就很完美"的论断，我认为，孩子身上多多少少都有一定的缺陷，但这些缺陷完全可以通过教育变得完美。

事实上，比起智力培养来，培养孩子的道德品质和意志力难度会更大，并且需要长时间循环渐进地进行。即便如此，我们仍然可以找到其中的规律。

» 利用自然惩罚让孩子承担后果

我认为，在培养孩子的道德品质时，我们应该多用自然惩罚的方法，并且尽量少给孩子施加人为惩罚。

自然惩罚和人为惩罚有什么区别呢？自然惩罚是在等值、等同的基础上，对错误行为做出相应的回应，以让孩子在结果中获得相应的教训和经验。而人为惩罚是当孩子犯错后，父母或老师额外施加的惩罚。

通过下面的例子，我们可以看出两种惩罚之间的不同。

如果家中有年龄较小的孩子，就很容易出现到处都被弄得一团糟的情况。孩子会把玩具全部拿出来一起玩，然后到处乱丢；或者把早晨散步时摘的花带进屋里，然后丢得满地都是；又或者玩做衣裳游戏，把用完的碎布、剪刀随手扔到一边。

每当这个时候，这种混乱的局面应该由谁来收拾呢？

通常，孩子的父母或女佣会代替孩子收拾。如果想利用自然惩罚让孩子改错，就要让他自己收拾，同时告诫他，如果不这样做，以后就不会给他新玩具，也不会带他去散步。这是自然的后果，没夸大也没有缩小，而孩子也愿意承认自己的错误。

如果父母可以将自然惩罚的教育方法持续下去，孩子会很快改掉乱扔东西的毛病。而且，这样做还能让孩子明白，快乐源自于辛勤的劳动。

还有一个例子。

前不久，我听说了小女孩康斯坦斯的事情。康斯坦斯平时动作比较慢，每当有集体活动时，所有人都要等她才行，她也因此常常受到批评。

我想，应该用自然惩罚的方法教育康斯坦斯。当她再迟到时，所有人都不要等她，让她无法参加活动，只能在家里待着。批评康斯坦斯，然后每个人继续等着她，这是典型的人为惩罚。自然惩罚能让她获得教训，人为惩罚只能让她更紧张。

如果一个男孩不小心弄丢了铅笔刀或书包，自然惩罚就是要他感受到没有铅笔刀或者书包会带来很大的不便；或者扣掉他的零用钱，给他买新的文具。而人为惩罚是批评或者打骂孩子，然后给他买新的文具。

自然惩罚能让孩子明白，铅笔刀和书包是父母用辛勤的劳动换来的，让他付出了一定的代价，他才知道珍惜。人为惩罚让父母泄愤的同时，只会惹得孩子伤心，却什么都没有让他学到。

如果哥哥不小心弄伤了妹妹的手，自然惩罚就是让他付给妹妹医院的治疗费。如果他没有钱，就从零花钱里扣，或者让他卖玩具筹钱，同时取消属于他的两次正常消费机会。

在孩子第一次拿别人的东西时，父母一定要问清楚，在他拿东西之前，是不是征得了他人的同意。如果没有，就要陪孩子把东西还给人家。如果造成了恶劣的影响，父母要和孩子一起接受惩罚。相反，如果孩子未经他人同意，把别人的东西据为己有，就容易养成不良习惯。

男孩的力气会随着年龄的增长越来越大，同时，也常常伴随着一些暴力行为。自然惩罚就是让他自己承担经济上和舆论上的双重后果。

比如，一个孩子动手打了祖母，那么他既要承担祖母的医药费，请求祖母的原谅，还要接受家人的批评。

一个孩子如果骂人了，就必须向被他骂的人道歉；如果孩子经常在班级里这么做，就要让孩子在班上的同学面前公开道歉。情况严重的，则需要施加给孩子一些辱骂，让他体会其中的感觉，借此激发他的同情心。

» 避免人为和放大的惩罚

我认为，想让孩子成为有道德的人，关键不是让他感受到父母的责罚，而要让他独自感受自己错误行为造成的后果。

真正对教育和健康都有益的后果，不是父母施加的后果，而是自然本身产生的后果，或者通过自然的方式得到的。

当然，自然惩罚并不是要排除一切人为因素。比如，父母或老师面对孩子错误行为的正常反应，如冷淡，不随意满足孩子的要求，限制孩子的玩耍和消费等。总之，就是要用明确的态度告诉孩子，自己对他的错误行为很不满，或者坚决地让他自己承担责任。

所以，我们要做的，不是避免父母或老师的正常反应，而是避免将人为的惩罚扩大化。作为人为惩罚中最严重的方式——体罚，必须要小心使用。而且，父母们必须要认识到，体罚绝不是教育的主要手段，也不可能培养出优秀的孩子。

父母要尽量少用人为惩罚，也不要放大这种惩罚。对此，我提出以下建议：

（1）在发展孩子的智力时，不论父母有什么理由，都不能体罚孩子，体罚已被证实对孩子有害无益。

（2）当孩子在道德、品质、伦理方面犯了大错时，才能适当地对他进行体罚。在体罚前，父母也要告诉孩子，自己和孩子一样都要为错误负责，而且也要迅速采取一些措施进行自我惩罚。

因为当孩子犯了大错，也是父母或老师没有尽到教育责任的一种表现。

（3）父母要惩罚孩子前，一定要扪心自问：体罚孩子是为了教育孩子，还是在发泄自己愤怒的情绪？想要达到同一目的，是不是还有其他方法？

（4）父母要知道，当孩子在道德方面犯错时，如果是因为自己的教育疏忽造成的，比如，没有教孩子要尊重他人、爱护幼小等基本道德规范，那么，父母需要对孩子减轻惩罚。

（5）父母可以进行人为惩罚，但惩罚不能对孩子造成巨大伤害。在惩罚过后，还要安慰孩子，让孩子明白自己的错误所在。

（6）不过过于频繁地惩罚孩子，过度惩罚会使父母和孩子之间的关系出现裂痕，还容易引发孩子逆反、厌恶以及惊恐的情绪。

（7）要给孩子辩解的机会，这样才能清楚地知道孩子犯错的真正原因，以及他有怎样的动机。

（8）人为惩罚是父母强行施加给孩子的惩罚，是强者与弱者的对抗，一定要注意保护孩子的尊严，给他最起码的尊重。

» 自然惩罚优于人为惩罚

利用自然惩罚的方式教育孩子，能帮助孩子树立正确的因果概念。

如果父母持续对孩子进行自然惩罚，那么孩子大脑中的因果概念就会越来越正确和完整。这样一来，通过以往的经验，孩子就能判断出来自己可以做什么，不能做什么，如果做了后果会如何等。能自己依据行动本身和结果做判断，比依附于权威得到结论强多了。

一个孩子因为自己的行为没有条理而给自己造成了各种各样的麻

烦，比如磨蹭让他无法满足需求，粗心让他失去了喜爱的东西，这就使他直接而深刻地体会到了行为的后果，还明白了行为和结果之间的关系。

如果只是简单地对孩子进行人为的惩罚，孩子只会把自己的注意力集中在外界施加的惩罚上，而忽略了自身行为好坏的教育。

自然惩罚还有一个优点，就是非常公平、公正。

孩子虽小，却能理解自然惩罚，在遭受这种惩罚时，也不会心生不满或委屈。但是，当孩子受到人为惩罚时，却因为惩罚被放大而感觉更加委屈。

一个不懂爱惜衣物，把衣物弄得又脏又破的孩子，应该对他实行自然惩罚，衣服破了让他自己缝，脏了让他自己洗，同时也让他尝尝因为没衣服穿无法外出的苦恼。此时，孩子会认为自己是自作自受。相反，如果只是打骂孩子，孩子就会认为父母对自己处理不公。

如果接受的是自然惩罚，父母和孩子都不会感觉到愤怒或者不满。

人为的惩罚总是会影响人的情绪，我们很难看到在惩罚孩子时还能保持心情愉快的父母，也很难看到能兴高采烈地接受父母惩罚的孩子。

自然惩罚对亲子关系也有很好的促进作用，它使父母和孩子双方都处在比较理性的状态中，明白不管出于什么样的理由，愤怒都是有害无益的。因为愤怒使得父母对孩子失去了同情，而同情是管教孩子时必不可少的因素。

相反，如果父母总是责骂、体罚孩子，就会给亲密的亲子关系带来坏的影响，孩子会更加孤独，同时也会怨恨父母。

我们都很了解，当父母和孩子的心灵不再相通，当他们之前的爱无法互相传达，那么父母对孩子的教育也会失去效果。

» 对待犯了大错的孩子的方法

虽然我已经尽可能详细地讲解了利用自然惩罚帮助孩子建立道德品质的思想，但父母们仍然会提出这样的问题。

"怎么对待更严重的错误？""孩子偷了别人的东西怎么办？""孩子爱说谎话怎么办？""孩子欺负小孩子或弟弟妹妹怎么办？""孩子崇尚暴力怎么办？"

的确，当孩子出现这种问题时，一般常用的那些教育方法都会失效。看到孩子陷入其中，父母总是痛心不已，却又不知道该怎么办。

首先，让我们来看看孩子会出现这些问题的原因。上述几种行为，事实上发生的概率并不高，也没有父母想象得那么严重，大多是由于父母的教育方法不当造成的。

父母所采取的错误的教育方法，使孩子的心情烦躁。而父母经常对孩子进行惩罚，又让他们感觉很孤独，天然的同情心也一点点消失。

在一个家庭里，如果孩子之间相互欺侮甚至虐待，这说明，平时父母也是这样对待他们的。他们这样做，既是出于好奇心的模仿，也是在伺机报复父母的责骂。

显而易见，如果把人为惩罚换作自然惩罚，就可以减少甚至避免这种冲动犯错的情况的发生。

人性是很奇妙的，当一个人无法得到较高程度的满足时，他就会降低自己的需求；当一个人无法在同情中得到快乐时，就会从自私中找寻快乐。

其次，我们要了解，即使父母对孩子的教育很完美，孩子也可能会犯这样的错误。当出现这种情况时，父母要让孩子接受自然惩罚。

再次，父母要为孩子营造出一个自由民主的成长环境，并且努力让孩子感受到自己的爱。我们都知道，当一个人伤害了自己的敌人时，他不会后悔，也不会感到难过，他甚至可能会偷着乐；但是，当一个人伤害了自己所爱的人时，他就会非常痛苦和后悔。

父母和孩子之间的感情是最为深厚的，父母的教育对孩子造成的影响也最大。

毫无疑问，要教育好这样的孩子，父母要花费更多的精力、付出更多的爱心。但是，如果这样做可以拯救孩子，可以弥补以往的教育失误，一切就都是值得的。

》 环境的好坏决定孩子的将来

孩子的抵抗力弱，尤其是在培养道德品质和意志时，更容易受到来自外界的影响。坏的影响能轻而易举地毁掉孩子的前途，比好的影响造就一个孩子容易很多倍。同样的道理，家庭环境是文明有礼还是粗暴无礼，会对孩子产生不同的影响。

模仿是孩子的天性，即使是一种他非常反对的行为，只要让他经常接触，他心里的抗拒也会渐渐消失，而他甚至也会做出这种行为。

既然如此，父母要怎么做呢？

（1）让孩子远离残忍的环境。

对生命给予同情，是人类最大的美德。最初，孩子都很喜欢小动物，但是，如果他生长的环境中经常有人杀死小动物，而他也会慢慢变得习以为常，失去同情心。

而如果周围的人把杀死小动物看成正常甚至是展示勇气的行为，孩子也会受到影响，模仿这种行为。

尽管有些时候，我们会屠宰动物以获取生命所需要的营养，但一定要避免让孩子看到。如果孩子经常看到这一幕，必然会受到坏的影响。

此时的孩子缺少相关方面的知识，对这些行为也不会加以区分和分析，若是因此失去了同情心，他的人生也会变得非常悲哀。

如果孩子质疑猎人的行为，父母也要告诉孩子，恶意地杀害动物和猎人打猎是不一样的，因为他们是出于生存的需要。

我们没有能力让全世界的人都放弃屠杀动物，但是，我们可以远离残忍的环境。

（2）让孩子远离没有道德和廉耻的环境。

从过去到现在，一些没有道德和廉耻的环境依然存在着。即便如此，也不能说明这些环境理应存在。比如一些色情场所，比如一些存在于家庭的不道德行为等。聪明的父母要让孩子知道，这些都是不合理的，在宗教上也有罪。

（3）让孩子远离行为不端的孩子。

每一个孩子所处的环境都是不一样的，诸如社会环境的不同，家庭和家族环境的不同等。对于一些由于缺乏家庭教育而身染恶习的孩子，父母必须让自己的孩子远离他们。

这并不是对行为不端的孩子缺少同情，而是因为孩子太小，没有判断是非和抵制诱惑的能力，很容易染上相同的恶习。

（4）为孩子创造好的家庭环境。

在孩子年幼时，大部分时间都待在家里。可以说，家庭环境对这个阶段的孩子影响巨大。我所说的家庭环境，也包括父母的言行举止。

有的家庭经济状况很糟糕，地理环境也不优越，但是，家人都非常淳朴，一家人其乐融融。在这样的家庭环境中，孩子也形成了正确的道德、伦理观念。正如我们所看到的那样，很多成功人士都在贫困地区长大。

但是，并非所有的家庭都是如此。有些家庭内部总是矛盾不断，各种冲突和斗争充斥其中，孩子所接触到的，不外乎虚伪、自私、狡诈的行为。

如果这个孩子没有看过大量关于智慧和德行的书，或者没有一个好的老师教育他，帮助他抵制环境的影响，那么这个孩子必然也会成为和家人一样的奸诈之徒。

大多数教育学家都一致认为，父母对孩子道德品质的形成影响巨大，这种影响是否与遗传有关暂且不说，但是一定和父母潜移默化的影响密切相关。

所以，我们也惊奇地看到，一些孩子虽然出生在环境恶劣的家庭中，但通过寄宿到学校读书脱离了这种环境，同时因为所在学校道德环境好，老师也有优良的品行，成长为与家人截然不同的高尚之人。

》 父母和老师是孩子最好的榜样

孩子是父母的复制品，父母的所有习惯都会在孩子身上有所体现。仁爱、宽容、上进、乐观、同情心、公正的品德，干净、勤奋、节约的习惯等，不管多渺小，都会让孩子深深地刻在脑海中。

父母的言行举止，不仅反映着自己的道德和习惯，支配着自己的人生，也对孩子的一生产生潜移默化的影响。它们永远是家庭中的伟大财富。

这些就是我们追求的真正的教育，也是最成功的教育。

在描述父母和老师对孩子的道德、意志带来的影响时，怎么样用词都不夸张，不管是好的影响，还是坏的影响，都是如此。

有一句流传很广的话是这么说的，"要想教育好孩子，就要先教育好父母"，这句话非常有道理。

要对子女进行成功的教育，父母应先做出榜样，家庭是孩子最基本的生活和教育单位，父母的一言一行，一举一动，都是孩子的效仿源。孩子最初的行为习惯都是从父母那里学来的。

孩子在家庭的日常生活中，和父母朝夕相处，日夜为伴，尤其未成年的孩子对父母的依赖性、依恋性、模仿性最强，而这时父母在孩子的心目中威信最高。

孩子认为父母的一切言行举止都是最标准，最美好的，对父母的一切言行都有强烈的模仿欲望：父母的走路、说话、待人接物、欢乐与痛苦等，孩子都看在眼里，记在心上，努力去模仿和效法，无论好坏都兼收并蓄。这种影响是在无意识中产生的，其作用也最直接、最深刻、最持久。

父母的言行举止，犹如一本没有文字的教科书。因此在孩子面前，父母从思想品德到生活小节，都没有小事。

要教育孩子具有较高的社会公德，父母自己就必须成为这样的人；要求孩子积极进取、勇敢拼搏，父母也要率先示范。只有这样，才能对孩子产生积极、深远的影响。

在现实生活中，我看到了很多这样的例子，甚至可以编一本厚厚的教材。

我看到一些父母，他们遇到不懂的事情喜欢向别人请教，常常去教堂祈祷、听牧师传道。他们是那么平和与快乐，他们的孩子也因为这样的环境影响成了有教养、有智慧的人。

而另一些父母，不是对学习充满抵触，就是整天为了生计到处奔波、忙碌，农场、店铺……到处都有他们的身影。他们的孩子虽然在物质上比较满足，但却没有接受到好的品德教育。

还有一些父母，他们虽然生活贫困，却从来不去想如何改善，也不会学习。做丈夫的酗酒，做妻子的整天搬口弄舌，孩子根本接受不到一点教育。

我想，想要让这两种父母实施正确的教育，帮助孩子获得好的品行，这是非常不现实的。这些孩子如果有幸遇到一位仁慈并充满同情心、懂得教育艺术的老师，才有可能获得拯救。

在树立道德观念时，孩子不可能不受到父母和老师的影响。原因有两个：

一是因为孩子天生爱模仿，这是他认识和感受世界的方法。

二是因为孩子行为的好坏、正确与否，并不是孩子自己说了算，而要看父母和老师是怎么认为的。如果父母和老师的道德观念和标准是错误的，那么他们在衡量孩子的行为时，也会依据错误的标准来进行。

可以想象，孩子明明做对了事情，却因为父母和老师的错误评价误认为自己做了错事，那么，下次他就会改变正确的行为，做出相反的、也就是错误的行为了。

我们都认同这样的观点，每一件事情的发生都是有原因的，而不同的原因也会造成不同的结果。那么，我们也应该认同，父母的道德品质会影响孩子道德品质的形成，因为这是非常明显的因果行为。

如果父母虐待孩子的祖父母，他们就不要指望自己的孩子能孝顺自己。相反地，一旦他们老了，他们的孩子也会开始虐待他们。

如果父母很自私，就不可能培养出乐于助人的孩子，他们的孩子会更加自私自利；如果父母恶行不断，却希望孩子能成为品德高尚的人，这比想要在石块上种植稻谷还要困难。

当然，这一切并不是绝对的，父母虽然对孩子影响重大，书本和其他人同样也会影响到孩子的认知。当孩子有能力进行自我教育时，他可能会受到真善美的引导，在拥有正确的判断力后，他会自主地抵抗不良影响。

我们来看看懂得教育艺术的父母是如何对孩子施加影响的：

● 他们心甘情愿地帮助那些处境比自己困难的人，并且不求回报。他们的孩子也变得乐于助人，并且为此感觉很自豪。

● 他们从不推卸责任，对人坦诚相待，他们的孩子也很难学会撒谎。

● 他们全心全意地爱孩子，他们的孩子也学会了全心全意地爱别人。

● 他们总是用宽容的胸怀包容别人，他们的孩子也学会了宽于待人。

● 他们对生活中的微小善意都充满感恩，他们的孩子也学会享受生活。

● 他们面对失败时坚强勇敢，他们的孩子也会顽强对待一切。

● 他们说出的话总是那么积极，他们的孩子也变得积极进取。

● 他们会用很大的耐心对待生活中的各种问题，他们的孩子也会受到很大的影响。

事实上，这种强大的力量会让孩子越来越接近真理。

» 对孩子做出要求并记录善行

人类认识世界的顺序是从具象到抽象，从简单到复杂的，孩子也是如此。但是，我认为在培养孩子的品德时，必须要先把道德的观念灌输给他。

父母要让孩子知道，自己对孩子的期望是什么样的。如果他按照父母期望的那样做了，父母就要记录下来，并且给予一定的物质或精神奖励。

有一次，小斯宾塞对我说："我想成为一个有道德修养并且受到大家尊重和欢迎的人。但是，你平时对我的教导太多了，反而让我不知道该怎么做了。"

小斯宾塞说的这个问题，正好也是我在苦苦思考的，因为父母必须让孩子清楚地知道道德的标准是什么。

于是，我专门买了一个本子，把他的好品行都记录下来。每当小斯宾塞翻看记录本时，他都充满了喜悦，而我也看得出来，他的自信心也在不断增强。

我在一张纸上写下了一些话，贴在小斯宾塞卧室的墙上：

（1）我希望你能拥有同情心，能同情和安慰痛苦的人。
（2）我希望你能尊重别人的劳动成果。
（3）我希望你能学会自我约束。
（4）我希望你能有一颗感恩之心，懂得回报别人。
（5）我希望你能勤劳刻苦，并且勇敢面对一切难题。
（6）我希望你能快乐地对待学习和玩耍。
（7）我希望你能养成做事坚持到底的习惯。

最初，小斯宾塞并不明白这些字是什么意思，所以每当生活中遇到类似的事情时，我就会进行实例教学，把文字的意思讲解给他听，他便一点点地理解了。

要说的是，当小斯宾塞做错了事情时，我从来不会指着墙上的文字批评他。相反，如果他做了符合这些文字的好事，我就会指着某一项文字极力称赞他。我之所以这样做，是想让小斯宾塞爱上墙上的文字，并且积极按照文字的引导去做。

当初我用来记录小斯宾塞好德行的记录本，直到现在还很好地保存着。我这样做让他感受到了我对他的尊重和关注，使他知道我永远陪伴着他。

如果父母能经常做一些事情，让孩子觉得父母不单在物质方面关心他，在精神上也很关心他，那么，就会促进孩子心灵上的成长。

什么是爱，父母为孩子所做的一切，不管是物质上的还是精神上的，都是爱。

我常常告诉小斯宾塞，一个人如果总是行善，他就会得到上帝的奖励。

看看我做的记录吧：

8月1日，小斯宾塞在花园里看到一只饥肠辘辘的小猫，小猫瘦得皮包骨头。小斯宾塞很同情小猫，就拿排骨给它吃，小猫高兴得喵喵直叫。

8月4日，小斯宾塞告诉我，当他看到几个孩子要把水倒进蚂蚁窝时，他立刻阻止了。他说："蚂蚁虽小，也是生命，如果有一天水淹了我们家，我们一定会感觉很悲惨的。"

9月10日，今天，当一个高个子同学欺负了小斯宾塞时，别人建议他用石头砸对方的脑袋。小斯宾塞虽然很伤心，但却没有那么做。他说："如果我把他砸死了，他多可怜啊！"

我很清楚，小斯宾塞并不是不敢那么做，而是因为他对欺负他的人也心存爱心。我非常感动，相信上帝也会感动的。

10月7日，今晚下了大雨，我们从镇上回家路过铁器铺时，看到屋檐下躺着一个病快快的老乞丐。

回到家后，小斯宾塞不顾大雨，坚持把衣服和面包送给了那个乞丐。我真的非常惊讶，小斯宾塞居然这么善良。

我非常真挚地感谢上帝，谢谢他把小斯宾塞送到我身边。

10月20日，小斯宾塞开始学习储蓄，这是走向理财的第一步。我告诉他，如果他像存钱一样，每天都学习一点、做一些好事，那么经过长时间的积累，他一定能获得更多的知识、积累更多的善行。

……

记得那时，每隔不久，小斯宾塞就会让我念记录本上的内容给他听。当他终于认识字后，便很喜欢拿着记录本看。

虽然我说过要记录小斯宾塞做的好事，但是他没有想到我会记录得这么仔细。看到自己做了这么多的好事，小斯宾塞非常高兴，比得到任何奖励都高兴。

我认为，一个人可能拥有很大的力气，身体也非常健康，可能还博学多才，但是在我看来，真正支撑着他战胜各种困难并最终取得成就的，并不是这些，而是美好的品德。

后来，小斯宾塞真的像我所希望的那样，成为了一个有修养、有志向、品德高尚、为了自己的目标努力奋斗的人。

我把他看作是上帝给我的礼物，这让我的一生都充满了快乐和幸福。

我想，所有的父母都知道，要想培养出道德高尚的孩子，需要花费大量的心思和精力。而且，即使付出了心血，过程也并不顺利，孩子的表现变化大，会让你失望、失去耐心甚至愤怒。

可是，父母们可以仔细回想一下，在我们的生活中，不管做什么事情，不都需要长期的坚持和忍耐，才能最终有所收获吗？

面向上帝的事做起来确实很难，而那些使人放纵和堕落的事情却很容易做。不过，终有一天我们会看到，做那些面向上帝的事情，会让我们充满快乐，内心获得平静，并且懂得生命的奥秘。

» 不要指望孩子天生具有各种美德

我认为，父母不要指望孩子生下来就具有各种美德。

在我们生活的这个世界上，普遍认为孩子天真无邪。从孩子拥有的知识量上看，这种说法是对的。但是，就孩子体内涌动的冲动情绪来看，这一点还值得商榷。

有人曾做过一个实验，让孩子聚集在一个环境中，不进行任何教育，那么，过了一段时间后，孩子就会像大人那样开始厮杀和争斗。

给孩子提出善行的标准刻不容缓，而通过生活细节施加各种影响，并且通过让孩子接受自然惩罚得到教育也势在必行。

但是，父母要注意的是，不能急于求成，美好道德的形成需要一定的时间，而且是同孩子的心智和心理一起成长并逐渐形成的。

事实上，智力的过早发育和道德的过早建立都是有害的，并非像一些人认为的那样，百益而无一害。有些孩子年幼时是其他孩子的道德榜样，长大后却成了极恶之人。而那些幼时品德一般的孩子，后来却成了道德上的楷模。

我认为，美好的德行并不是独立存在的，最好能够与孩子的心智、体力、心理、社会经验等协调发展。否则，孩子即使道德高尚，也无法把心中美好的希望付诸行动。

我想，当父母了解到道德和智慧一样，都要经过长期的发展才能得到，那么父母在教育孩子时，在面对孩子的缺点时，也不会那么没有耐心了，更不会责骂或者恐吓孩子。

未开化的野蛮人或者愚蠢的农夫可能会利用打骂的手段教育孩子。但是，如果你想给予孩子春风化雨的教育，你就要更努力些，你要多钻研、多点聪明、多点耐心、多点自制。

你要学会换位思考，想想如果你做了孩子做过的某种行为，结果会怎样；你要了解孩子做事的动机，找出其中好的行为和因为冲动做出的行为；你要注意，不能把结果不好不坏的行为看作是孩子的过失，或者把孩子想得更坏。

你必须要改变自己，根据孩子的性格调整自己的教育方法。如果你相信自己的教育行为是正确的，即使表面看上去没有什么效果，你也要自信地坚持着。

尤其是面对自己过去没有教育好的孩子时，你就更要有足够的耐性，这样才能等到最终的结果。除此之外，你还要分析自己的教育动机，看看哪些是出于对孩子的关心，哪些是出于不好的冲动。

总之，你在教育好孩子的同时，也要教育好自己。在心智上，你要看清孩子的人性、你的人性和社会中体现的人性；在道德上，你要培养自己的高尚情操，用以压制那些低级的冲动情绪。

» 不需要让孩子成为道德楷模

虽然我非常重视对小斯宾塞的道德教育，但是我却反对他成为别人在道德方面的楷模。一是因为让一个年幼的孩子成为道德楷模，容易让他养成虚假人格；二是因为孩子的人格并没有定性，可塑性还很强。

一旦孩子成为了他人的楷模，就会受到更多的关注，得到更多的名誉，甚至得到更多言过其实的赞美。这样一来，就为孩子创造了一个虚假的生存环境，让他以为很容易就可以得到一切，但事实并非如此。

孩子会开始压制自己的欲望，变得更加爱表现自己。与此同时，他也希望自己做的所有事情都能得到表扬或者相应的回报。如果别人没有表扬他，他就会更加失落。

而且，因为自己的欲望没有得到满足，当出现可以满足欲望的机会时，孩子就会偷偷行动，并且沉溺其中不能自拔。于是乎，原本很好的一个孩子就这样被毁掉了。

真正的德行应该发自内心，而不是为了迎合其他人的标准，或者得到别人的认可而做的。把孩子作为其他孩子学习的榜样，虽然动机在于鼓励孩子行善，但结果却不让人满意。

鼓励孩子做好事，这确实是正确的，但不能用树立榜样这种方法。

看看生活中的例子，看看心理学的研究结论，我们很容易发现，很多德行好的孩子在被树立为道德楷模后，生活开始变得不幸，之前的高尚品德也渐渐消失了。而这些后来因品行备受称赞的人，却是原本普通的孩子，这还不值得我们反思吗？

在教育小斯宾塞的过程中，我希望他能时不时地犯点小错。只要这样，他才有更多体验正确的机会。

我的格言是：好坏自由他人说，善恶只在我心里。

» 对孩子道德教育的建议

（1）尽可能采用自然惩罚的方式。

一般来说，除了自然方法，凡是由人为力量做的事，总是会产生大小不一的副作用。但是，如果能遵循自然的原则，就能让教育更加理智和开明，父母也不会蛮横地想要控制孩子的一切行为。

如果父母愿意让孩子承担不当行为带来的自然后果，那么就可以避免其他父母犯下的错误，即管教过多导致的教育失败。

只要有机会，就要让孩子接受自然惩罚，让他从中得到经验教训。这样一来，就可以避免对孩子进行过多的管束，孩子也不会成为懦弱的人，也不会伤害亲子间的感情。

（2）将人为惩罚作为自然惩罚的辅助手段。

孩子的行为会引发各种后果，除直接结果外，由此引起的父母的反应也是一种后果，而且，不管父母的态度是赞许还是愤怒，都可以看作行为引发的自然后果。

虽然我们认为自然惩罚比人为惩罚好，但并不意味着父母不能对孩子的行为做出反应。而且，让父母不做出反应也是不现实的，这种反应完全可以作为自然惩罚的辅助手段。

（3）要少发命令。

命令是一种特殊的教育方式，只有在其他方法都无效的情况下，才能运用。

我们可以看看父母说出的那些命令，命令大多只考虑了父母的立场，却没有考虑是否对孩子有益。这些命令有的是为了减轻父母的负担，有的则是父母单纯的情绪发泄，有的是为了给父母带来方便，有的是发泄父母的怨气。

只有当孩子的行为对自己或他人会造成巨大伤害时，父母才能命令孩子。而且，一旦下发了命令，就要让孩子坚决执行，不轻易改变。

（4）管教的目的在于不管。

父母所实施的教育，都应该为了这样一个目标而努力，即教育的目的是把孩子培养成为能自我约束、自我反省并且能进行自我教育的人。

（5）不要抱怨儿童逐渐表现出的自我意志。

孩子如果一直没有表现出自己的主观意志，就说明他已经不再成长了。自我意志是一种非常强大的力量，如果父母能够持续地观察并进行适当的引导，就能使孩子成为一个优秀的人。

有一些德国老师曾对我说："我们宁愿管教十几个德国的孩子，也不想教育一个英国儿童。"可是在我看来，不管是哪个国家的孩子，都有自由表现自己意志的权利。

第十三章　教育和学习都不能过度

在伦敦的日子一天又一天过去了。秋天来临时，我收到一封小斯宾塞的来信。正在德比求学的小斯宾塞在信中写道，他很怀念以前和我一起的生活。与此同时，我还从信中感觉到了他的忧愁。

小斯宾塞说了一些在德比发生的事情，重点说了学校的情况。他说，为了提高当地学生的学习成绩和大学入学率，学校更加重视学生的学习问题，使得学校的氛围非常压抑。大多数同学在这种重压下努力学习，睡眠严重匮乏。

而原本有很多人嬉戏的德文特河畔，现在再也看不到孩子快乐玩耍的身影。这些学生都两眼发红，拼尽全力准备大学考试。

但小斯宾塞对这样的做法很怀疑，他不认为这样就能取得好成绩。

很长时间以来，我都一直思考有关"过度教育"的问题。看到小斯宾塞的来信，我决定立刻返回家乡。

在我离开伦敦的时候，太阳还没有升起。而远处的伦敦大桥上人潮涌动，这些人急匆匆地赶往公司、机关、学校等。这一幕让我想起一位诗人对伦敦的描述：

大雾湮没着黎明，
人们纷纷涌向伦敦大桥……

这就像一个教育寓言，孩子在度过了童年期、青春期后，全都挤在了一座大桥前。这些孩子必须挤过人群，达到大桥的另一端。有的人挤了过去，有的人却挤不过去，只能开始不同的生活。

回到德比后，我继续对小斯宾塞进行快乐的教育，同时也开始研究过度教育和过度学习的课题。有时，我会到学校做一些讲座，这让我感觉很快乐。

有一件事我想说一下，公立学校的校长请我为考生进行辅导，我用自己的快乐教育法让孩子的学习不再那么痛苦，而升学率比伦敦有名的学校都高，这也说明快乐教育确实有效。

» 不要过分看重孩子的考分

孩子在经历过快乐的童年后，一个接一个走进了学校，开始进行系统的学习。而在学校中，除了学习，还要进行相应的课程考试。有考试，就会有成绩，就会有成绩好坏优劣之分。

在各地区就职的官员，为了表明在自己的带领下，地区的教育工作非常出色，就强迫孩子必须取得好成绩。

一到孩子考试时，父母总是比孩子更紧张。当孩子考试完拿回来成绩时，父母又要紧张一番。如果孩子考得好，许多父母会因此大摆宴席，对他们赞不绝口；如果孩子考得不好，就会对孩子横加批评和指责。这种现象反映出父母们都非常注重孩子的考试分数。

这就让原本轻松快乐的课程充满了残酷的竞争，而考试就像是异常审判，让一些孩子得到胜利，让一些孩子经受失败的苦痛。这使得一些孩子在鼓励声中越来越好，一些孩子在挫折中渐渐沉沦。

但事实上，考试分数真的那么值得关注吗？

我认为，用分数来衡量孩子在一段时间有没有认真学习，只是各种方法中的一种。其实考试分数只是从某个方面反映出孩子的学习情况，它并不真正代表孩子的学习能力。考试受许多因素的影响，孩子考试失利也并不代表孩子就不行。

而且，这种方法的不完善之处已经遭到很多心理学家和专家的批判。我也认为，用分数衡量一个学生本身的优劣是很可笑的。

一是因为许多试题都很死板，一点也不灵活，有些题目之所以会出现，仅仅是因为题目的答案便于打分；二是因为小学阶段的孩子自我认知差，低分容易给他们带来无能的暗示，尤其是这些暗示来自具有权威性的老师，就更会加重孩子的挫折感。

遗憾的是，学校里，有升学率作为考评，无论是老师，还是学校，都希望高分的人越多越好。学校里成绩好的学生，是被众多人宠着的。这种高度关注，能带来强烈的成就感，也吸引着孩子想当高分生。这种种因素，造成了分数的被推崇、被追求。

父母把考试分数看得重于一切，不知道考试的真正意义所在，结果愤怒地斥责孩子，导致孩子对自己更加绝望。

因此，父母过分注重衡量孩子学习情况的考试对正确指导孩子的学习是不利的。

一次考试成绩并不能说明什么，既不是衡量孩子学习情况的全部标准，也不是孩子以后是否成功的关键因素。

父母应该适当减少对孩子学习成绩的关注。事实上，父母关心孩子的学习并没有错，但是应该明白的一点是，考试成绩并不是孩子学习状况的唯一标准。

一个真正会教育孩子的父母在意的应该是孩子是否学习到了知识，而不是拿了多少分。即使孩子考了一百分，也不能说明什么，他只是比同班的同学多掌握了一些知识而已。

考试充满了机遇和变数，受诸多因素的影响。因此，父母应该用更加理性的态度来看待孩子的考试成绩。

也有人认为分数能起到积极的作用，分数高的人能得到激励和鼓舞，分数低的人也能开始加速前进。可在我看来，事实并不是这样。

在学习阶段，我们可以用荣誉刺激孩子养成好的品德，但是却不能用分数刺激孩子学习。

如果孩子是因为某种刺激才学习，那就会让他失去求知欲，看不到知识的有趣之处，而是不停地寻找标准答案。从表面看来，这样的孩子是优秀的，但是他所失去的，远远比得到的多得多。

对于成绩不好的孩子来说，低分不可能让他们得到快乐，只能让他们失去信心，甚至从此自暴自弃。

实际上，每个孩子都有自己的强项和特性，不能用分数来划等级。父母更要关注的，是孩子的个性、快乐和幸福，而不是分数。其实每个父母内心都是如此希望的，可一到大形势下，周围人一比对着，就容易犯迷糊了。

父母犯迷糊，牺牲的是孩子的个性和快乐。这样的代价，是最不值得的。因为，人的童年只有一次，人生同样不能重来。孩子在最应该追寻快乐时，却被迫去追寻分数，正反映了一种观念的误导。

生活中有太多能证明这个观点的例子。

很多孩子小学时成绩优秀，经常受到父母和老师的表扬，但是，当他上了中学、大学，甚至走上社会后，却不再优秀，而且深受压力和挫败感的折磨。

再看看那些小学时成绩平平的孩子，虽然不被父母和老师重视，但最后却成了受人尊敬的德才兼备的成功人士。

所以，我想劝告各位父母，不要过于重视考试分数这一暂时改变不了的存在，而要把精力用在开发孩子的思维、找到正确的学习方法上，让孩子对求知充满兴趣和好奇。

父母不要用分数去衡量孩子，不以此为荣，也不以此为耻。父母要让孩子知道，考试就像是进行一场游戏，如果你想在游戏中取胜，很容易，掌握游戏规则就行了。

庆幸的是，在我和其他教育专家的共同倡议下，英国教育官员决定，对于低年级学生的考试，禁止打分和排名次。

这样一来，教育和学习又变成了快乐的游戏。分数不见了，取而代之的是一些没有明显分数限制的词，如优＋、优、优－、良，等等。

评价中也有"差"，但却很少使用，而是代之以一些含有操作方法的建议。对于成绩优异的学生，老师也会给予具体的表扬。这样一来，孩子就不会被划分为优等学生或次等学生了。

我认为，这样才是对孩子的成长负责任。如果有父母或老师仅仅根据几道考题，就能判断出孩子的优劣，那么他不是异能者，就是先知。

» 及时发现过度的教育和学习

有一次，我带着小斯宾塞参加约翰福伯斯爵士的周末聚会。会上，有一位擅长培养特长生的人问我："教育和学习也要有限度吗？会过度吗？"

我想，不仅是提问者，很多父母和老师都会对此充满疑惑。他们认为，教育和学习越多越好，不存在过度一说。

但是，我研究了很多关于英国儿童早期教育的案例，也考察了一些学校的教育，我发现，过度教育和学习的情况是可能的，而且还非常严重。

约翰福伯斯爵士曾告诉我，他曾经考察过很多中产阶级学校的情况。在这些学校里，过度教育和过度学习的情况确实存在。

学生勤奋刻苦地学习，学校安排的课程严格而又紧张，而且会布置大量的课堂和课外作业。这一点，不管是对儿童还是青少年，不管是早期教育还是升学教育，都会造成很糟的结果。

随着生活的压力越来越大，孩子的情绪也越来越容易紧张。为了让孩子在竞争中取胜，父母和老师开始对孩子进行魔鬼式训练，结果反而更糟。

只要你愿意，你可以去拜访那些准备升学考试，或者刚刚结束考试的学生，你会发现，这些孩子的身体非常虚弱。

有的孩子需要到乡下休养；有的孩子得了胃病，还常常头晕眼花；有的孩子常常感觉心跳加速、头晕目眩；有的孩子则陷入长期的失眠中……

试想，这样的孩子怎么可能取得好成绩呢？又怎么能考上理想的大学呢？身体这么虚弱，判断力势必会受到影响，反应也会变得迟钝，更不可能在考场上超常发挥了！

» 过度教育有损孩子身心健康

我们很容易发现，紧张的学习会使孩子的身体变得虚弱。据我所知，在模范公立学校中，总有一些长期抱病的学生，没有食欲、消化不良、经常腹泻在学生中非常常见。而三分之一的学生甚至会有长达几个月的头疼病，还有些学生因为身体实在吃不消，不得不在家休息。

大自然是个非常负责任的会计，当你在一方面的需求超过正常量之后，它就会从别的方面拿来一些进行弥补。

如果你按照大自然计划的那样，哪一方面都不做额外要求，那你的各方面肯定能综合发展。但是，如果你一定要不断透支，大自然就会奋起反抗，把原本属于你的东西也夺走。

永远要记住，一个人的精力是有限的，身体也不会让你随心所欲。智力的发展需要精力的支撑，当一个人过度运动后，他的思考能力会降低；一个一生都从事体力劳动的农民，不可能拥有大量的心智活动。

反之，如果一个人总是不停地思考，或者进行重复的机械记忆，那么，他的健康也会受到损害，从而导致情绪陷入低落状态，记忆力开始出现问题，整个人也变得多愁善感。

每个人的心智和身体都是不可分割的整体，这是上帝送给我们的礼物。一个人在快乐、生气、恐惧时，心跳都会加速，心脏要得到更多的能量。如果总是没有食欲或是消化出现了问题，身体也不会健康。

要知道，人体是物质和精神的完美统一。

» 不要将知识硬塞给孩子

如果人们承认过度学习会损害身体健康，那么就应该谴责那种将知识硬塞给孩子的做法。不管从什么角度考虑，这种教育方法都错得离谱。

孩子在学习知识时，学习速度也有一定的讲究。一旦速度超过一定的限度，心智和身体都无法继续吸收。所以当外界快速强塞给孩子大量知识时，孩子的心智是无法将这些知识融合的。这些知识可能会保存到考试后，甚至可能在开始前就被忘记了。

与此同时，孩子的心理会感觉非常痛苦，对书本和知识都充满厌恶，当必须学习时，孩子就会感到非常紧张与不安，这也导致孩子对自我教育失去了兴趣。

之所以说硬塞给孩子知识是错误的，是因为知识并不是一切，与记住知识相比，如何组织和运用知识才是最重要的。

德国科学家洪波尔特曾说："每个人的心智发展有一定的范围，过多的、无法吸收的知识会成为心智的大负担。这些知识只能算是心智的脂肪储备，要想真正发挥作用，就要变成心智的肌肉才行。"

如果一个孩子的身体长期处在不健康的状态中，那么他的前途也非常让人担心；一个孩子如果拥有强健的身体，即使遇到了困难，也能战胜困难，并且获得成功。

总之，我想告诫所有希望孩子成才的父母和老师，对孩子进行过度教育、硬塞给孩子知识，或者让孩子过度学习，都是危害巨大的。具体的危害有：

它让孩子很难记住一些知识。

它让孩子对知识充满厌恶，也变得不自信。

它认为记住知识更重要，导致孩子组织知识的能力得不到锻炼。

它伤害了孩子的身体和心智。

它让成功的孩子有了某种缺陷，让失败的孩子更加痛苦。

同时，我还认为，这样的方法对女孩子的危害比男孩子更大。男孩子虽然受到过度学习的损害，但却可以通过体育活动减轻伤害。女孩子则没有。另外，为了让父母和老师更喜欢自己，女孩会变得更加温柔和听话，这让她们付出了巨大的代价。

» 给孩子的身体和心智更多准备时间

我想告诉父母和老师这样一项调查。连续几年，约翰福伯斯爵士对当年考入牛津大学、爱丁堡大学的学生做了一项调查。

约翰福伯斯爵士让这些天之骄子介绍自己的学习方法。他发现，这些学生除了平时刻苦学习外，也不忘记利用各种方法让自己得到放松。

有的学生喜欢游泳，有的喜欢打球，有的热爱到户外散步等。总之，正是在这样的调剂下，身体得以避免受到过度教育和学习的侵害，变得活力十足。

　　当然，这其中也不排除这样的学生，他们在身体承受巨大伤害的同时，一直忍耐着，直到考上大学后，他们再也忍不住了，只好休学在家休息。

　　我们还见到一些这样的例子。有些孩子在小学甚至中学低年级时，学习成绩并不突出。但是，进入高年级后，学习成绩直线上升。

　　一些人猜测，是不是孩子突然顿悟了，或者是得到了祖先的荫佑，也有人认为这是过度教育和过度学习造成的结果。但是，我并不这么认为。

　　我认为，这是因为在小学和中学低年级时，孩子的成长状态比较自由，这使得他们的身体和心智有了更多的准备时间，他们的身体健康，心智也很放松。当孩子遇到挑战时，就会投入全部精力，从而获得了好的结果。

第十四章　给孩子需要的各种权利

不知从何时起，人们开始把我称作"教育学家"。在最初听到这个称号时，我感觉浑身都不自在。但是，作为老师的那段时间，我的生活确实充满了各种乐趣，这些时间让我终生难忘。

我记得，在安静的校园里，梧桐树下满是浓密的树影，高大的院墙上布满长春藤，学生们的脸蛋红扑扑的，稚气未脱，一个个小脑袋装满了各种疑惑……

在我由伦敦回到家乡的第二年，我父亲的朋友，在德比公立学校担任校长职务的马泽先生邀请我去学校任教，为孩子们授课。

他担心我会拒绝，便请求我的父亲代为写信邀请。事实上，我非常乐意这么做。在我们家，我的祖父、父亲以及两个叔叔都是老师，我很高兴自己也能成为老师。

在马泽先生的支持下，我用自己的快乐教育法对孩子进行教育。我很高兴，孩子很高兴上我的课，他们对我说："斯宾塞先生，我们最期待听您讲几何课和阅读课。"

感谢上帝，我没有让马泽先生和各位学生、同事失望。几年后，德比中学成了英国非常具有影响力的学校之一，有很多学生在科学、公共管理、艺术和医学领域做出了突出的贡献。甚至有一些家住伦敦的父母，不远千里送孩子来这里学习。

尊重孩子的各种权利，同时利用快乐教育法进行教育，我想，这是我获得成功的主要原因。

» 孩子天生拥有各种权利

上帝给予每个人幸福的可能，但想要获得幸福，一个人就必须拥有爱心和相应的能力。于是，上帝让所有人都有机会发展和完善自我，这是一种人人都有的特殊权利，只要这种权利不损害他人发展和完善自我的权利。

那么，孩子也有这样的权利吗？答案是肯定的。在很多父母眼中，给予儿童权利是个非常陌生的议题，而且非常荒唐可笑。但是，不能因为父母感觉陌生就否定孩子的权利。

在封建社会，普通大众是没有自己的权利的。但是随着时代的进步，我们每个人都有了自己的权利，并且因此充满喜悦，认为一切是理所应当的。

我眼中的教育，不论是家庭教育还是学校教育，它们都有教授知识和培养道德品质的使命。但是除此之外，实施教育者必须尊重孩子的权利。如果不明白这一点，那么不管实行什么样的教育，最终都会面临失败的结局。

如果我提出一个问题：教育的最终目的是什么？我想，不管我询问的对象是乡村女教师还是大教育家，答案都是一样的。

教育是要帮助孩子获得强壮的身体，让孩子的心智和道德能够适应以后的社会需要。可是，要适应未来的生活，需要孩子具备什么样的素质呢？

我想，除了要求孩子掌握一定知识和技能外，还要具有强烈的独立意识以及高水平的自制和判断能力，做一个能够自治的人。与所有能力一样，获得这种自治能力也需要通过大量的练习，而教育的过程就是不断锻炼和发展这种能力的过程。

每个时代都有不同的特征，在每个时代都有顺应时代要求，并且生活得很好的人。仔细观察这些人的人生，我们很容易得出这样的结论：

如果一个孩子长大后需要生活在君主的专制统治下，那么在孩子年幼的时候，父母就要教会他顺从，压制他的自治以及判断能力。这样一来，孩子长大后就能生活得很好。

但是，如果孩子长大后面对的是一个充满自由与竞争的时代，父母仍然无视孩子的各种权利，希望他顺从、听话，那就会带给孩子极大的伤害。

英国的很多教育观念正处在这种尴尬的境地。一方面，随着时代的改变，社会越来越需要那些拥有创造力、能公正做事的人才。但是另一方面，老旧的教育方法仍然具有强大的生命力和控制力。

这实在是非常可笑的。一方面，社会急需拥有创造力的人才，如航海家、资本家、科学家等；但是另一方面，教育却想要把孩子培养成忠实的奴仆。

这完全忽视了孩子的权利，是封建教育思想的残渣。英国的社会制度虽然已经越来越文明，但教育制度却没有发生根本的转变。

法律必须保障孩子受教育的权利，保证孩子不受虐待，可以在父母的抚养下长大。而教育，则要保证孩子在精神和心智上的权利不受损害。

教育方法野蛮，却想要培养出讲礼仪的绅士，这简直是天方夜谭。同样的道理，想要用强迫和专制的手段培养出开明、民主的人，也是不可能的。

如果一个人的权利从来没有受到过别人的尊重，那么他也会变得不尊重别人的权利；如果一个人很少受到别人善意的关怀，那他在遇到相同情况时，可能会变得更加邪恶。

教育孩子，就要先尊重孩子。尊重孩子什么呢？我想很简单，只要我们扪心自问：别人要尊重我们的哪些权利？然后，答案也就出来了。

我们必须尊重孩子的这些权利，这样才能促使孩子进行自我教育，从而获得自治能力和责任感。

» 把"话语权"还给孩子

每一个人都有话语权，然而遗憾的是，并不是所有人都可以享受这种权利，尤其是孩子，当他遭受责备，想要辩解一下时，却常常被大人的话打断：

"事到如今，你就不要再狡辩了"

"告诉你，你说什么都没用"

"闭嘴，我不想听你说"

"我可不想听到你的谎言"

类似的话我们听到过很多次，无论是在学校还是家里，大家都习以为常。然而，不允许一个受到责备的人辩解，这像话吗？我想，不管是从法律上还是道德上，都说不通。

在受到责备却不能辩解时，孩子必然会感觉很委屈，甚至会因此心生怨恨。如果这种情形发生在课堂上，孩子便无心听课；如果发生在家里，他就会想办法发泄情绪，或者借助其他好玩的事情得以解脱。苦了就吃点甜的东西，这是动物都会具备的本能。

如果施加这种行为的人是个孩子并不尊重的陌生人，孩子就会非常愤怒，但是也会很快就忘记；如果施加者是孩子敬重并且愿意亲近的人，孩子就会非常伤心，也会变得不自信。我想，这是任何一位父母或老师想要看到的。

相反，如果在孩子想要进行辩解时，虽然时机不恰当，但父母或老师仍然愿意给他机会，只是把辩解的时间推迟。父母或老师可能会说："我现在很忙，待会再听你说行吗？"或者"我们现在要上课，你可以在课后对我说明真相"。

如果父母或老师愿意这么做，孩子就会觉得自己受到了尊重。他不仅不会感到委屈，反而会感觉很自信。甚至，他会开始反思，自己是不是也有做得不对的地方。

感觉委屈的人不会去反省自己的过失，因为他的心里充满了愤怒和不满。但是，当孩子深受感动时，内心的勇气也会大增。

而实际上，当孩子长大遇到相同情况时，恐怕没有一位父母或老师希望孩子不去辩解。恐怕，做母亲的会冲着孩子大叫："你怎么不去辩解？"

当孩子的权利得到尊重时，他的自信心和荣誉感也会得到很大的加强。他会关注自己是不是尊重了别人的权利，从而增强自己的自治能力。

看一看我们成人的世界，很容易认识到，仇恨只能产生仇恨，暴力也只能造就暴力。在封建社会，坚持"不让受罚的人申辩"的政权或许能暂时存在，但是在当今社会，这个政权必然无法存在，会受到众人的强烈反抗。

我承认，法律中并没有明确规定，我们必须要尊重孩子的话语权。但是，在教育的道德领域，我想每个人都认为应该如此。正如法律没有规定我们必须爱别人，但是道德却促使这种爱的产生。

反对这种看法的人，只会提出一个可笑的理由，孩子只是什么都不懂的孩子。而在同意这种看法的人眼中，孩子是未来社会的主人。而教育的目的，就是让孩子适应未来的生活，成为未来社会的主人。

我想。所有的父母和老师都应该亲切地对孩子说一句"你有话语权"。这会是多么动人的话语呀。这样一来，你就会发现孩子身上发生了可喜的变化，不管孩子的成绩好坏，性格是顺从还是顽皮。

如果你愿意对没有教养的孩子说出这句话，那么，也就意味着教育的真正开始。

» 公平公正地对待孩子

在小斯宾塞上小学时，我们经常到德文特河畔散步。有一天，我问他："你和班上的那些同学最想要什么东西呢？"小斯宾塞想了想说："我们最想要教室的钥匙。"

我听了，感觉很难理解，就问他："你平时很难进入教室吗？"

小斯宾塞摇摇头说："不是这样的，教室的钥匙由班长拿着，每次我们一起上学时，就会看见钥匙挂在班长的脖子上，太让人羡慕了。"

停了一会儿，小斯宾塞又说："其实，我有一次做梦，梦到老师让我保管钥匙呢。即使梦醒了，我也觉得很开心。"

一年以后，当我向小斯宾塞询问关于钥匙的事情时，小斯宾塞说：

"现在，大家都很讨厌教室的钥匙了，因为永远轮不到我们拿钥匙。"

这是一个值得深思的问题。孩子所要面对的问题，绝对不是像拿钥匙那么简单。一个孩子欺负了另一个孩子，因为父母有权有势使得他免受惩罚；两个孩子的错误行为导致了一个恶果，一个孩子因为成绩好被轻易放过，另一个孩子因为成绩差被迫承担所有责任；两个孩子因为同一件事受到怀疑，成绩好的孩子会首先摆脱嫌疑，而成绩差的孩子则成为了重点嫌疑人；两个孩子都没有回答出一道题的答案，老师可能会安慰其中一个孩子说："你最近实在是太累了。"却指责另一个孩子说："你怎么这么笨？"

在一个孩子众多的家庭里，母亲眼中总是一个孩子的缺点，并且对他不断地责骂。而与此同时，这位母亲却总能发现另一个孩子的长处，总是温柔地夸奖他，给他更多的关爱。

生活中这样的例子很多，尽管导致各种事情发生的原因不一样，但有一点是肯定的，很多孩子从小生活在被歧视的环境里。

这种歧视也产生在各种孩子之间，成绩好和成绩差的孩子之间，富裕和贫困的孩子之间，父母有权力和无权力的孩子之间，温顺和调皮的孩子之间，甚至发生在长得漂亮和长得不漂亮的孩子之间。

难道，就因为孩子年幼、不谙世事，就可以被这样不公平地对待吗？这会给孩子带来什么样的感受呢？如果有一个亲切的人和孩子交谈，他们很容易说出自己不被公平对待的例子。面对这种情绪，他们最直接的感受是，这对他们不公平。

在我们成人的生活中，当我们判断一个人值不值得尊敬时，首先会看他是不是公平、公正地对待人和物。公平非常重要，让所有人都有一样的机会，可以获得一样的尊重。但是，为什么孩子的世界里却充满了不公正与不公平呢？

这样做贻害无穷。一些孩子因为得不到公正的对待而被迫放弃，一些孩子则会因此产生消极、叛逆的情绪，变得越来越不快乐，虽然对学习没有兴趣，却离不开学校和老师，更加无可奈何。

或许，父母和老师这样做的本意是想刺激孩子，让孩子改邪归正。

但是，结果却事与愿违。实际上，只要看一个成人社会发生的事情，我们就能得出答案。

当受到不公正待遇后，很多人最先想到的是报复，而不是奉献他人、展示友好。在一个社会群体中，如果成员得不到尊重，那么他们所创造出的价值也会低于那些成员都受到尊重的社会群体。对孩子来说，他们并不具有排除这种消极影响的能力。

就教育的角度来说，如果想教育出恶人，用歧视的方法就能做到。但是，如果想要培养出有修养、有智慧、有创造力和热情的人，这么做无疑是自寻死路。

所以，我认为，父母和老师应该让孩子享受公正的待遇。这样一来，原本就很优秀的孩子就可以摆脱虚假的优越环境，获得真正的发展；而那些并不优秀的孩子，也能变得更具主动性和热情。他们会发自内心地热爱自己的家庭和集体。

想让一个成人爱上英国，不是让他出生在英国就可以的，英国首先要是一个值得爱的国家。他爱英国，不是因为英国让他感到耻辱和痛苦，而是因为英国给了他尊重。

从人类诞生的那一刻起，就对非歧视、公正产生了极大的渴望。由于自身拥有生长和发育的力量，导致他们更加重视公正，并迫切渴望得到。只有那些对生活绝望、即将死去的人，才会不重视公正。因为对他们而言，公不公正已经不重要了。

» 尊重孩子的自尊心

但凡是头脑清醒的人都会承认，让孩子拥有自尊心，是教育的目的，是培养自治能力的必备因素，是让孩子变得负责、积极、知荣辱的必要条件，是提高孩子自我认识的重要要求。

每一个人，从他刚出生的那一刻起，就注定了他在智力、性格等方面会和别人有所不同。当他知道自己的独一无二后，他便会产生自尊。

从那以后，生活中的一切事情都变得与他相关。他会自己去体验、然后做出相应判断。他可能会获得成功，也可能会遭受失败。但是，不管父母和老师多爱护他、喜欢他，都不能代替他去经历。

自尊是什么，自尊是对自我的认同和肯定。自尊的人会为拥有灵巧的双手感到高兴，会为自己能正常表达感到欣喜，会为强大的弹跳能力感到自豪……正是对自己的肯定，让人永不满足，积极求索。

自尊是对自身的评价和体验，是一个人具有积极意义的品质，它与个人的自我价值有关。是维护自己的荣誉和地位的一种自我认知倾向。自尊心、自信心、进取心也是密切相连的，是一种积极的个性品质，能够成为孩子前进动力的一种最敏锐的情感。

一个懂得自尊的孩子，会在生活中处处考虑到自己的言行是否合适，自己的行为是否优雅，做事情就容易考虑到社会规范，会做高尚的、有品味的、成功的、受人欢迎的人。自尊的孩子做事从自信心、成就感、荣誉感等方向出发，最后达到受人尊敬和自我满足的目的。

当然，有自尊的人也会犯错，但自尊心会提醒他，犯错只是偶然，自己不可能一直做不对的事。同时，他也为自己有勇气改正感到高兴。我们所实行的教育，不就是想达到这个目的吗？

可是，我们在进行教育时，却常常打击孩子的自尊心。当孩子高兴地说"我一定能超过某某"时，父母或老师的回答往往是"就凭你？别做梦了"；当孩子自信地说"我以后不会再做这样的蠢事了"，父母则会说："你能做到才怪呢"；当孩子的考试成绩接连几次都很差时，父母或老师就会说"你这么笨，怎么不去死啊"。

如果这样就能把孩子教育成材，那我们就真要为这些父母和老师鼓掌了。可结果并不是这样。如果这么简单就能完成教育工作，那人类的智商和道德应该和昆虫在同一条水平线上。事实上，那些打击了孩子自尊心的教育措施，根本达不到想要的教育效果。

孩子都是有尊严的，他们不想被父母破坏。教育就是教给孩子独立自尊之道，并开拓躬行实践之法。

每个孩子都会犯各种各样的错误，教育孩子的基本原则，就是在维护孩子的自尊心和人格的前提下，以关切的心情和冷静的态度，适时适地运用适当的方法给孩子指出"过失"的危害性及改正的办法，并允许其有一个过程，使孩子认识到父母是值得信赖的人。

当孩子的自尊心受损后，他会感觉到很痛苦，有的会在心里反抗这样的教育方式，有的会看不起自己，根本就没有多余的精力完成目标。

孩子会变得很自卑，无法抬起头来做人，即使是周围熟悉的人，也让他感觉很陌生。想要靠伤害孩子的自尊心来进行教育，就像让孩子把头埋在水里学游泳一样可笑。

我们通过回忆自己的童年生活就可以发现，那些最让你难忘的事情，一种是让你得到关爱的事情，一种是让你的自尊心受到打击的事情。对于这两类事情，你会连细节都记得非常清楚。可见，这种错误的教育方法影响是多么深远。

孩子的自尊与生活中的快乐和成功密切相关，父母的关爱和科学的教育方式有利于培养孩子的自尊。孩子的自尊心也会受周围环境的影响。

日常生活中，孩子的自尊心容易出现的误区有两种，一是孩子对自己估计不足而产生自卑的消极情绪；二是孩子对自己估计过高而导致自尊过剩，盲目自大。

父母要留意孩子的情感变化，及时纠正孩子不恰当的自尊，帮助孩子树立良好、健康的自尊心。父母既要教育孩子自尊，又要教给孩子学会尊重别人，把二者统一于做人做事中去。

我认为，父母和老师要努力维护孩子的自尊，在孩子说出自己的想法后，大家应该给予鼓励而不是打击，要多说以下这些话：

"你胜过某某，这也不是不可能。但是，你永远要记住，你的使命不是胜过别人，而是成为独一无二的你自己。"

"不论多聪明的人，都会做上一两件愚蠢的事，所以你不用太自责。我看得出来，你认识到了错误所在，相信你不会再犯类似的错误了。"

"孩子，你一点都不笨，只是你还需要多花一些时间和精力。"

……

» 给每个孩子均等的机会

我之前提过小斯宾塞和钥匙的事情，从小斯宾塞身上，我很容易发现，孩子都喜欢被别人信任和重视，希望获得与别人一样的机会。

如果让班长拿钥匙的老师可以给其他同学一些机会，让他们也负责开教室的门一次，那么，这位老师不仅可以得到优秀的班长，也能得到同样优秀的其他孩子。而班长也会很清楚地认识到，原来大家都很优秀，机会不是自己一个人的，属于大家。

约翰福伯斯爵士曾多次在孩子中做过这样一个实验，他挑选了一批孩子，并将孩子分为人数相同的两个组。在第一组中，孩子会拥有平等的机会，班长也是每人一周轮流担任；而在第二组中，仍然采取传统的教育方法，班长也只能由一人担任。

结果，一段时间后，第一组的孩子变得活泼开朗起来，每个孩子的组织、沟通和行为能力都有所增强，相互之间相处和睦；相反，另一组就显得很沉闷，和以往没有什么区别。

在第一组中，即使是表现最差的孩子，一旦抓住机会，也会迸发出强烈的责任心和忍耐力，让成人都感觉非常感动。

我十分认同约翰福伯斯爵士的这个实验。事实上，能不能抓住机会、抓住机会后要怎么利用，这全看孩子的选择。但是，如果不给孩子平等的机会，这一切都不复存在。

看一看现在的成人社会，我们便容易明白，让孩子拥有平等的机会是非常重要的。现在的英国经济更加自由、政治也更加民主，无论是在科学领域、商业领域还是公共管理领域，每个人得到的机会也趋向一致。

如果孩子看惯了"机会为少数人所有"的画面，那么，当他长大进入社会后，就会因为这样的认识变得消极被动，不懂得主动进取。在他看来，事物都是固定存在的，不会产生变化。

事实上，这些孩子因为没有得到过平等对待的机会，所以也不去积极发展与机会相对应的能力，这是多么遗憾的一件事啊。

我认为，给孩子机会均等的权利，就是给孩子创造可能性的机会，这和孩子本身所具有的特点是一致的。

» 让孩子进行独立思考和判断

所有人都有权利进行思考和判断，这是人与动物的本质区别。在人类所做的其他事情上，很多事情是可以让别人替你做的。

比如，如果别人方便，你可以让别人替你代领工资；当你突然有事时，你也可以让别人替你工作几天，你付给别人工资或者再替对方工作几天。但是，有一件事情是别人代替不了的，就是进行思考和判断。

不管是在学校还是在家里，每一个孩子都有独立思考和判断的权利。孩子的思考可能缺乏深度，做出的判断也不正确，但是，每个人都应该知道，成熟的思考源于幼稚，正确的判断来源于多次的判断失误。

而且，正如我所指出的那样，教育除了增加孩子的知识储备外，还要尽可能地训练孩子的心智，使他可以获得更多的新知识。

在任何时候，思考都是解决问题的唯一途径。做任何事情都忌讳盲目行动，必须善于思考，才能做成自己想做的事。思考的成败，也决定了人生的胜负。

拉开历史的帷幕就会发现，古今中外凡是有重大成就的人，在其攀登成功高峰的征途中，都给思考留有一定时间。

一个不善于思考的人，会遇到许多取舍不定的问题，而正确的思考能发生巨大作用，可以决定一个人应该采取什么样的行动。独立思考是思维发展极其重要的基础，是孩子进行创造性活动的前提。看看我们现在所掌握的这些知识的演化过程，我们会发现，独立思考和判断至关重要。如果失去了这些，知识便无法获得积累和进步。

以下的言论，全都来自以往的官方文件和一些权威人士的口中：

1840年："当一个人以每小时50公里的速度前进时，他必然会因为供氧不足窒息而死。"

1844年："我们不应该花费时间和精力去考虑电力照明的问题，因为电力照明是不可能实现的。"

1876年："想让隔着大海的两个人通电话，就像让一个人飞过大海，都是不可能的。"

1878年："在现实生活中，人不可能造出一种用于飞行的机器。"

可是事实如何呢？它们的荒谬性不用我说，你也能体会出来。这些判断，尽管在当时看来是非常具有权威性的，但也不能掩饰它们的错误。如果后人只知道盲从前人，却不知道自己进行思考和判断，那么，人类社会就不会进步。

如果我们承认，对孩子进行教育，是为了让他们拥有美好的未来，过上富足、快乐的生活，那么，我们就更应该培养孩子的独立思考和判断能力。

想想看，如果孩子长大后经商却不会思考，就会让他血本无归；如果孩子航海，却无法判断海上的情形，就会让他丧生大海；即使孩子可以顺利结婚生子，也会因为不会思考而得不到幸福，更可悲的是，他还不知道原因何在。

人要取得成功，就要拥有独立思考的能力，遇事敢决断，能言敢为。一个人能对客观事物有正确的认识、判断，才能遇事有主见。要成功就要有主见，更要能坚持主见。

一个人若毫无主见，就会任人摆布、欺骗，最终被人践踏、毫无尊严。主见是自己内心最真实的声音，忽略了自己，最终会被众人忽略。

凡事都要想想：我的意见是什么，我高兴吗？把自己放在重要的位置，才能清楚人生的目标，才不会盲目和碌碌无为。

做个懂得独立思考的人，就是要取悦自己，做真实的自己。任何事都要顺从内心的意愿，独立思考，用不亏待自己的方式行事。

总是为别人而活，不考虑自己，就会慢慢丢失自己。有时候就是要有自信：这是我的决定，无论对错，我都会承担。

孩子习惯于听从父母的话，把他们的决定当成最安全、最可靠的决定。父母也习惯于帮孩子做决定，吃、穿、住、行都帮着他决定，孩子习惯了顺从、依赖，也就渐渐丧失了主见。

孩子的无主见并非好事，一个连主见都没有的人，一个不懂得独立思考和判断的人，只会把命运交给他人主宰。

虽然如此，我却在生活中经常听到父母和老师打击孩子的思考能力。他们会说："我让你按照标准答案答题，你怎么不听啊？""你以为自己是谁，科学家呀？""你怎么敢把这么荒唐的答案写在纸上！""如果自己想就能得到答案，那就不需要老师和课本了！"

与他们不同的是，当小斯宾塞在知识和生活事务上有了自己的想法后，我从来不否定。我发现，很多时候，小斯宾塞的思维也有值得欣赏之处。

我认为，作为合格的父母和老师，不仅不能否定孩子的思考，反而应该尊重这种思考，就像尊重自己的思考一样。这样培养出来的孩子才不会成为背诵标准答案的机器，而会成为充满活力和智慧的人。

这些孩子的衣着或许并不整洁，甚至有些破旧，但是他们有一个能够独立思考的脑袋；这些孩子的长相或许让人不满意，却有一颗能独立做出判断的心灵。

同时，我们必须面对这样一个现实：目前在英国，学生所使用的课本和资料，并非全都是有识之士编写的。有些教育官员为了谋取自身的利益，与具有相同利益需求的商人相勾结，让学生接受一些错误百出的资料。

在这种情况下，学生如果想学到知识，就必须从错误的资料中找到正确且有用的知识。如果学生本身不会思考，没有判断能力，又怎么能做到这一点呢？

》 尊重孩子的自主选择

父母和老师都要问自己这样一个问题："我能代替孩子过完以后的人生吗？我能永远代替他做各种决定吗？"

答案只有一种："不能！"

每个孩子都应该独立应对自己的生活，主动承担自己的行为带来的各种结果，不管是好结果还是坏结果。与此同时，孩子面临的选择也会越来越多。

而我们教育的目的之一，就是让孩子学会选择：学会选择正确的方法，适合自己的专业；选择值得发展的爱好，放弃不良爱好等。这些都要由孩子自己做决定。

我认为，从孩子小时候起，父母和老师在一些事情上就要尊重孩子的决定。当孩子将自己的选择付诸实践时，即使遇到了困难，他也会努力想办法克服。而当他获得成功后，也更能体会到选择的乐趣。

在孩子进行选择时，父母应该将其中的有利或不利的因素指给孩子看，并且要让孩子知道，他既然做了选择，就要承担起这种选择造成的一切后果。

尊重孩子的选择是父母应该具备的教子素质之一。随着孩子年龄的增长，他们会逐渐形成自己的独立意识，其突出表现是对身边的事物有了自己清晰的主观认识和有意识地选择。这是促进孩子进入社会化角色的积极因素。

父母存在为孩子做好一切，帮助孩子减少生活和学习上的困扰的心理，他们认为自己的生活阅历和经验比孩子丰富，可以为孩子做出更加科学的选择，使孩子拥有更有前途、更加光明灿烂的人生。

在替孩子做选择时，很多父母都会从自己的主观意识出发，而忽略了对孩子最起码的尊重。这对孩子的成长是不利的，同时对于亲子关系的和谐也是没有好处的。

父母不尊重孩子的选择，会扼杀孩子的自主性。任何孩子都会成才，但是前提是要发挥出孩子的主观能动性。如果想让孩子健康成长，就必须尊重孩子的自主选择和意愿。

遗憾的是，仍有一些孩子的选择权没有得到尊重，也仍有一些父母和老师没有注重培养孩子的选择能力。

比如，当一个孩子不喜欢学钢琴却喜欢踢足球时，虽然这两种活动都很好，但由于父母主观上认为弹钢琴更高雅些，便强迫孩子学习弹钢琴。

结果，孩子只好开始了痛苦的学琴之路，心中却永远对足球充满向往。我曾经看过一个报道，一个女孩为了躲避弹钢琴而故意弄伤了自己的手。

再比如，孩子计划上午出去玩，下午完成作业，但父母却要求他必须先写完作业，然后才能出去玩。迫于父母的压力，孩子照做了，但并不快乐；一个孩子想买红色的衣服，可父母觉得蓝色衣服更适合他，于是买了蓝色的，结果孩子一点也高兴不起来。

孩子的独立自主性最初往往都体现在自主选择上，但是父母总是害怕孩子做错选择而不给孩子机会，也就是说，大多数的父母不懂得尊重孩子的选择。

其实大多数父母都不了解，孩子的选择是被父母尊重的表现，是孩子自信的开始，也是培养孩子责任心的好机会。给孩子买衣服买玩具，让孩子自己去做决定，也许那件东西父母并不怎么喜欢，可是也不要随便地否定孩子的眼光，还孩子一个自主的权利，尊重孩子的选择。

父母要尊重孩子的意愿，理解孩子的想法，珍视孩子的独立精神，并尽力将孩子引导到一条正确的道路上来，营造一种和谐的氛围，鼓励他们发挥孩子特有的创造力。

对于孩子不成熟的表现，不嘲笑挖苦，也不撒手不管，而是耐心地启发引导，让孩子认识到自己存在的不足，慢慢学会用全面的眼光看问题，争取把事情做得更完善。

有的孩子非常不幸，他们在一生中都得不到选择的机会，生活中的一切事情都被父母决定好了，孩子只能服从。在父母的绝对掌控下，很多人失去了努力发展和完善自己的机会。

父母必须尊重孩子选择的权利，并且努力培养孩子的这种能力，这是孩子必须要掌握的一门功课。而且，只有这样，才能帮助孩子树立独立思考的意识，增强判断能力。孩子会为了自己的选择而努力，也会承担选择造成的一切后果。

我这样说，并不是说父母和老师不能拒绝孩子。他们可以拒绝那些不合理甚至是有害的选择，也可以拒绝那些会造成连大人都无法承担的后果的选择。

父母和老师要尊重孩子做选择的权利，这样就等于尊重了他们的思考能力和判断能力，也等于尊重了孩子的未来。

第十五章　帮助孩子养成各种好习惯

在世界上的很多地方，都出现了两句相同的谚语："习惯是人的一种天性。""教育孩子就是要养成好习惯。"

我认为，这两句话就概括了教育的一半内涵，要让教授给孩子的内容都变成一种习惯，并且在孩子心中固定下来，尤其是对自我教育有益的习惯。

要帮助孩子养成两种习惯，一种习惯是可以帮助孩子的心智发展、并且对孩子的自我教育也有帮助的习惯；另一种是能够帮助孩子勇于行动的习惯。

我们都知道，知识的传播需要依靠书本的力量，而在孩子拥有自我教育能力之前，习惯的养成需要借助父母老师的力量。

我认为，那些，对孩子一生有益的习惯都具有广泛性和普遍性，也就是说，不管孩子的素质如何，只要他能养成这些习惯，他的人生就会很不一样。

» 多次的重复养成习惯

一种习惯的养成需要多次的重复。

有人做事喜欢用右手，因为他长时间不断地使用右手；有人喜欢快速走路，因为他一直都走路很快。

对习惯于使用右手的人来说，右手比左手的力量大，用右手对他来说比较方便，他就会越来越多地使用右手；对于习惯于快速走路的人来说，这样的步伐让他觉得很有力，又能让他快速到达目的地，所以他会一直这样走路，除非他会因此受到伤害。要知道，想要改变这种习惯，需要花费和养成这种习惯一样多的时间。

人自己养成了一种习惯，却又渐渐地被习惯所支配，这也正是习惯的神奇之处，好习惯或坏习惯都是如此。

习惯是在诱导下产生的。

为什么人会产生这种习惯而不是另一种习惯？为什么这种习惯能长时间存在，而另一种习惯则不复存在了？我想，这其中的重要原因在于有没有某种诱导。

诱导是位厉害的老师，它知道人的本性是趋吉避凶，喜欢快乐的东西，排斥悲伤的东西；它知道奖惩能给人带来怎么样的影响；它知道怎么把显露在外的目的和需求结合起来。

正是在诱导的作用下，人开始了第一次兴趣，并且因此有了第二次、第三次等。诱导也有成功和失败之分，成功的诱导能让人发自内心地认同自己。

有智慧的父母会非常认真地观察孩子的兴趣点，并以此作为依据，确定最佳的诱导时机和内容。我想，这样做比父母说教一千次都更有效。

当我们在对快乐教育和自我教育有了一定的了解后，就会发现诱导的操作过程其实很简单。

诱导，关键在于要让被诱导者感觉有趣。

一种习惯的养成必然是从某种兴趣开始的，随后才会被归到某个大的目标里。当作有趣的事情和实现目标是一回事时，做有趣的事情就会成为一种主动选择的习惯。

» 帮助孩子养成专注的习惯

孩子的本能是好动而且喜新厌旧的，但要求孩子专注却与这一本能相矛盾，同时，孩子在自己感兴趣的事情上又会表现得特别专注。总之，专注不符合孩子的一般特征，需要借助诱导的重复的力量，才能养成这一习惯。

在孩子学习知识和进行活动时，很容易缺少专注力，具体表现为浅尝辄止、在几个兴趣上跳来跳去、无所事事等。

我知道，孩子即使这样做，也能得到一些知识。但是，如果他们能够更专注一些，效果肯定会更好。

没有人能同时做好两件事情，特别是需要集中精力的事情，所以一个人在做一件事情的时候，如果心里还想着其他事情，或者目光被其他事物吸引，就会停止对正在做的事情的思考。思考一旦断开要连接上就需要一定的时间，就会影响工作的进度和质量。

俗话说"一心不可二用"，说的就是做事必须一心一意，不能三心二意。无论是学习还是做其他事情，如果不能专注，一会想这个事一会想那个事，断断续续或者不能坚持把一件事做到底，都可能会半途而废，最后什么事也做不好。

我们都知道，对于自己不感兴趣的东西，总不能把心完全投入进去，对于不是很迫切需要做的事情也是拖拖拉拉，对于不是自己负责任的事情也总是马马虎虎，有这种心理又怎么能做好一件事呢？专注首先就要使这些不良心理转化为良好情绪，然后才能投入进去，认真负责地把事情做好。

孩子在学习上如果对所学的东西不感兴趣，认为时间充足不必抓紧或者认为学习是为别人学的，往往心思就会转移，就不能够专注完成自己的学习任务。

父母如果想要孩子自主自觉地去认真学习，首先要改变孩子对学习的态度，然后根据孩子的生理、心理特征改变孩子不负责任的心态，从而达到认真专注的效果。

在小斯宾塞 7 岁时，我希望他拥有专注的习惯，当习惯养成后，对他的学习和生活都产生了很好的促进作用。

在培养小斯宾塞的专注习惯时，我主要在三方面下功夫：一是通过简单明了的实验，让他知道什么是专注，专注有什么作用；二是让他做几件有趣的事情，让他能从中体验到专注的乐趣；三是让他专注于求知，并且在生活中不断重复。

一天，我带着小斯宾塞外出游玩，并打算在外面进行野炊。小斯宾塞听说要进行野炊，非常高兴，一直兴奋不已。

当我们走到德文特河的上游时，肚子早已饿得咕咕直叫。于是我们找了一块大石头，并在石头后面搭了灶台，同时又捡了一些柴草，一切准备就绪后，我们准备点火做饭。

就在这时，我突然发现自己没有带火柴。再看看小斯宾塞，他也把这件事情忘记了。这可怎么办呢？刚才还很高兴的小斯宾塞，此刻变得着急起来。

突然，我想到了一个办法，于是告诉小斯宾塞说："太阳光有热量，我们可以利用太阳光把柴草点燃。"

小斯宾塞一听，立刻把柴草拿到太阳光能照射到的地方，可是这样过了很久，柴草表面也只是微微发热，并没有被点燃。

于是，我又说道："如果我们可以想办法让太阳光长时间照在一个点上，柴草就一定能燃烧起来。"

小斯宾塞也同意这一点，但他认为想做到这一点实在太难了。正当他开始暗暗后悔外出游玩的时候，我从包里拿出一个凸透镜，在离柴草不远的地方，用石头固定住凸透镜，以使焦点聚集在柴草上。

最开始时，柴草表面仍然看不出什么变化，但是过了一会儿后，柴草开始发出很小的"嗞嗞"声，随之而来的是一缕缕烟，小斯宾塞立刻兴奋起来，高兴地手舞足蹈，拍手叫好。生起火后，我们饱餐一顿。

小斯宾塞好奇地问我："为什么镜片可以让柴草燃烧呢？"我笑着告诉他答案："事实上，让柴草燃烧起来的不是镜片，是太阳光，是它的热量使柴草燃烧起来。镜片只不过是让太阳光长时间集中到柴草的一点上罢了。"

后来，我还告诉小斯宾塞："这个集中的道理不仅表现在这一件事情上，在很多事情上，只要你愿意把时间大量花在一件事情上，就能获得成功。比如，你想让自己的大脑记住好朋友的生日，你只要专心地在大脑中回忆几遍就能记住了。"

通过这一次，小斯宾塞对专注有了一个大致的认识。

我常常带着小斯宾塞一起观察蚂蚁，这是小斯宾塞的兴趣爱好之一。在一个星期天，我和小斯宾塞做了约定，我们要把精力全部放在研究蚂蚁上，其他事情一律不做，就算有小朋友来找小斯宾塞玩，他也不能离开。

小斯宾塞同意了这个约定。于是，我做好了 10 张卡片，同时还找出一本关于昆虫的书。我在每张卡片上都写下一个关于蚂蚁的问题，并和小斯宾塞一起翻看书籍，找出答案，然后抄写在卡片上。

中午，邻居小威士来我家邀请小斯宾塞一起出去玩，被他一口回绝了。在我和小斯宾塞的共同努力下，我们用了差不多一天的时间，终于彻底弄明白了蚂蚁的相关情况。

最后，我问小斯宾塞："今天你过得愉快吗？"小斯宾塞点点头说："嗯，愉快，实在是太有意思了！"

再后来，我开始让小斯宾塞把精力集中到一件事情上。如果一本书没有看完，他就不能去看下一本书，除非他决定不再看第一本书；在画画时，只有画完了一幅画，才能去画第二幅；要集中精力做一件事，不能考虑其他事。

就这样，经过反复地训练，小斯宾塞慢慢变得专注起来，他开始从专注做事中发现了别人看不到的乐趣，心情也能够平静下来，不再心浮气躁。一旦开始着手做一件事，他就会很快进入状态。

我很清楚，养成专注的习惯对小斯宾塞以后的学习和工作都有很大的帮助。

虽然，我鼓励小斯宾塞培养广泛的兴趣爱好，但我总是告诫他，在同一段时间里，只能专注于一件事或一个兴趣爱好，这样才能对这件事或兴趣爱好了解得更透彻。

专注是任何聪明才智都不能与之媲美的良好习惯，只有专注才能把问题研究得更加透彻，才能把事情做得更好。

一个人只有沉迷于自己的事业，进行专心致志的研究和探索，才能真正做出一番成就。孩子在学习和做事情时，往往容易被外界的因素所干扰，导致注意力被分散，形成散漫的不良行为习惯，严重影响他们以后做事情的效率和态度。

如果能帮助孩子养成专注的习惯，孩子的心智就会发挥出巨大的潜能。

值得一提的是，在最初训练孩子专注时，那些让孩子感兴趣的事物或许并不是父母或老师希望孩子了解的，但是，这也没有任何坏处。

这是因为，学习知识不仅是为了掌握知识本身，更是为了让孩子的心智在学习的过程中得到启迪和发展。

就像你想让孩子找出混在一堆卡片里的一张卡片，孩子找出的却是另一张。尽管这样，你也不用失望，孩子在翻找卡片的过程中，他的手指的灵活度、思维活动、感知能力都得到了锻炼。

所以，要想培养孩子的专注精神，那么一开始就要让他做那些自己感兴趣的事情，而不是把父母或老师感兴趣的事情强加给孩子。这样做，让孩子养成专注的习惯会更容易。

» 利用运用帮助孩子提高记忆

如果你愿意研究一下教授传统手工艺和家庭技艺的过程，就会很容易发现这样一个有趣的现象：那些看上去非常复杂而且微妙的工艺技术和经验，按照常理推测，是很难传授的，可是后人却能掌握得非常好。

这是为什么呢？难道有什么可以让他们的孩子对这些技艺感兴趣的方法吗？如果有，这种方法又是什么样的呢？

我想，能让这些孩子高效学习并且熟练掌握复杂技艺的方法，不外乎两个字——运用。运用使得兴趣与实用、知识与目的得以结合，从而造就了惊人的教育效果。

我认为，知识如果不具备自我发现的特征就无法真正掌握，同理，知识如果不在实践中进行运用，知识就只是死知识，既无法让孩子感兴趣，也无法让知识得到扩展。

运用可以带来3个结果：一个结果是激发孩子的积极性，让他们充满兴趣和自信；一个结果是可以对学过的知识进行复习，使理解更透彻，掌握更牢固；最后一个结果是在旧知识的基础上产生新的知识。这难道不是最让父母和老师高兴的事情吗？

我教小斯宾塞学习运用，是从几件简单的事情开始的。我发现，在运用的过程中，除了让小斯宾塞感受到了快乐以外，还取得了惊人的效果。

写字，这一并不难做的事情，曾经是小斯宾塞最不愿意做，也感到困难最大的事情。小斯宾塞愿意积极地思考，愿意发表自己的观点，可就是不愿意写字。

每当我让小斯宾塞写字时，他总是一副愁眉苦脸的样子，一拖再拖。我为此也很发愁。怎么办才好呢？任何一个对教育稍有了解的人都会知道，写字不单单是训练手指的灵活度而已，更是对思维的训练，是对记忆的加强。

这时，我想到可以将写字与运用相结合。正好那段时间，我的嗓子出现了一些病症，医生建议我最好少说话或者不说话，否则有可能会失声。

利用这个机会，我和小斯宾塞开始用纸条进行交流。在日常生活中，无论大事小事，我们都通过纸条来进行交流。

那时，小斯宾塞只有六岁多，虽然他只能写出极少的单词和句子，但为了能够相互交流，也只能努力写出来。

最初，我们会用一些简单的句子进行交流，如"你吃了什么""该洗衣服了"等。后来，我们开始用纸条发表各自对一些事物的评价。

在写这些评价时，小斯宾塞写出的句子越来越多，句式也更为复杂。而且，他也开始时不时地出现语法错误，而我则会耐心地进行纠正。

大概一个月后，我的嗓子差不多痊愈了，小斯宾塞的书写能力也有了很大进步，即使我不对他做什么要求，他也会主动写下来。我想，如果我没有把写字运用到日常生活中，即使花上半年时间，恐怕也无法让他达到现在的写字效果。

后来，我们还相互通信，即使两个人都在家，也还是如此。这个习惯一直持续着，直到小斯宾塞大学毕业。

为了帮小斯宾塞养成阅读的好习惯，我提议，我们双方每天都为对方读上一段书。这让小斯宾塞感到非常高兴。我们在读书的过程中都能感受到快乐，这十分公平。

每当小斯宾塞读错时，我就会及时进行纠正。同时，还会要求他把读错的地方标出来，避免下一次犯同样的错误。

于是，在每天的晚饭后或睡觉前，我就会非常舒适地躺着，享受着阅读时光。我们所读的内容很多，有报刊上的文章，也读一些书籍，尤其喜欢读爱默生的随笔，我们感觉读这样的文字是一种很美好的享受。

通过阅读，小斯宾塞的理解能力比之前提高了很多，而且他也在享受快乐的同时吸收了大量知识。不过，我决不允许他读一些空洞、肤浅、毫无智慧的书籍。

我想，没有什么事情比通过运用学习更让人感到愉快的了。

我经常看到一些孩子无目的地到处闲逛，看上去似乎很潇洒，但实际上他们并不高兴，只是因为找不到有趣的事情做才这样的。

有时，这些孩子会因为没有人玩，也不得不与一些比自己小很多的孩子一起玩。可即便如此，他们的内心也倍感空虚。只要成人能把他们引入有趣的事情中，他们一定非常乐意去做。

在小斯宾塞8岁那年，我聘请他做我的资料员，工资是每周一便士。资料员的工作内容是搜集各种与教育相关的资料，这些资料的来源很广泛，可以来自报刊、学校内部资料、新闻报道、学术文章等。

搜集资料的方法很简单，我要求小斯宾塞先把资料找出来，再根据自己的判断，按照重要与否进行排列。

做这项工作时，小斯宾塞必须阅读。开始时，他只是简单地搜集，后来他开始对一些事情发表自己的看法，虽然有的看法很幼稚，有的看法让人很意外，但我都不做评价，只对他的这一行为表示鼓励。

我相信，允许讨论还能发现和认识真理。小斯宾塞的工资归他所有，可以自由支配。每次我给小斯宾塞一便士时，他都会非常兴奋。

我利用这种方法，帮助小斯宾塞获得了大量的知识。与此同时，也让他在行为品德和习惯方面取得了很大的进步。而且，从一定程度上来说，小斯宾塞的付出也确实为我的工作带来了一些便利。

其实，我所提倡的"运用"教育法，不管是在家庭还是学校，都能灵活运用，关键是父母和老师要改变自己的教育观点。

如果父母经商，就可以让孩子根据自己的判断搜集一些有用的商业资料。不管最初这些资料是如何幼稚，都是一个好的开始，让孩子兴致昂扬地展开求知。

"运用知识"，现在已经成了小斯宾塞学习的座右铭，即使是学习一些理论性很强的知识，小斯宾塞仍然会想办法应用于实践，研究相关的现状及原因等。

» 让孩子一点一滴积累知识

从小斯宾塞年幼时起，我就开始让他积累知识，并且让他将吸收知识的行为变成一种习惯。因为我相信，即使小斯宾塞以后离开了学校和家庭教育，这种习惯也会让他受益终生。

为此，我特意给小斯宾塞准备了大量可以保存较长时间的小笔记本，并和他一起对这些笔记本进行装饰，这让小斯宾塞对这些笔记本更加爱不释手。接着，我让小斯宾塞把学到的知识记到笔记本上，时间一长，他就能记录下大量知识。

想达到这一目标并不容易，我便从教他存钱开始。最初，我给他买了一个存钱罐，并且告诉他，如果他愿意把零花钱放到存钱罐里，时间一长，就能攒下很多钱。然后，他就可以拿着这些钱去买那些平时自己买不起的东西了。

小斯宾塞听了以后很兴奋，很快开始存钱。小斯宾塞的这一行为，很快让我认识到了两点信息：一是孩子对于积累东西有兴趣，二是孩子看到自己的积累成果会充满成就感。

存钱是一件比较容易的事情，孩子只要把自己零花钱放进存钱罐里就行了。然后，他就可以经常摇摇自己的存钱罐，听听钱币相互撞击发出的声音。如果孩子积累知识也和存钱一样有趣，教育就会变得更容易。

后来，我对小斯宾塞说："你现在所做的仅仅是把钱放进存钱罐里，你却不知道这些钱的来源，也不知道一共存了多少钱，有没有丢失。要想知道这些，你应该做记录，把零花钱的来源、数量都记下来，每个月检查存钱罐，看看里面的钱和你记的数目一样不一样。"

小斯宾塞听了，感觉这是一件很有趣的事情，就答应试一试。

当小斯宾塞开始做记录后，我就想到把这种习惯引入他的学习中，这比一开始就让他记录知识容易得多。

最初，我让小斯宾塞记录关于昆虫学的知识，这是大多数小朋友都感兴趣的。我告诉小斯宾塞，每当他知道了一种昆虫的知识，就要把这些知识记录下来。

小斯宾塞有些不解地问我："我把这些知识都记下来了，可是有什么用呢？"我明白，小斯宾塞所说的"有用"，是指他能够得到什么样的乐趣。

于是，我回答他："其实，这和你存钱是一回事儿。我相信，你很快就能发现其中的乐趣。如果等不及，我们可以在与小朋友玩游戏的时候试验一下。"

当时，孩子们都喜欢玩模拟老师的游戏。每次都由一个孩子担任老师的角色，给大家上课，其他孩子必须认真听讲。

每当轮到小斯宾塞做老师的时候，我总是鼓励他拿着自己的笔记本，给其他孩子讲授关于昆虫学的知识，这让其他孩子都对小斯宾塞钦佩不已。

万事开头难，不论多困难的事情，一旦养成了习惯，就会变得简单很多。经过长时间的积累，小斯宾塞渐渐把积累知识作为了自己的一种习惯。不用我来提醒，小斯宾塞就会高兴地在笔记本上写下自己最新掌握的知识。

在小斯宾塞稍微长大一些后，我开始告诉他，知识和善行都需要一点一滴地积累，而人与人之间的友谊、每个人拥有的财富和幸福等也都需要积累，只要愿意从一点一滴开始做起，就一定能获得发自内心的快乐。

人生在世，并不是每个时刻都充满欢乐，让人振奋不已。相反，人生的大多数时候是很平淡，毫无奇特之处。我们必须能够从这种平淡中找到乐趣，而积累知识则是乐趣之一。

为了让这个习惯可以固定化，我还鼓励小斯宾塞翻看旧的笔记，并进行相应的整理。出现破损就修补好，有了新的认识就补充进去。就这样，一步步让小斯宾塞把注意力放到更有趣的事情上。

» 让孩子习惯自己做选择

我认为，命运是众多选择和取舍的集合体。从这一点上来说，丰富人类的选择是知识带给人类的最大好处之一。

孩子虽小，却常常面临各种选择，也常常因为不知道选择到底是怎么回事而感觉非常困惑。如果有 10 个便士，是买木偶玩具，还是买糖果？买鞋时，是买黑色的鞋，还是买另一双？休息时，是做完作业再玩，还是先痛痛快快地玩一场？看书时，是看这一本，还是那一本？

由于鱼和熊掌不可兼得，所以孩子最终会做出选择，进行一定的取舍。但是，孩子在做决定前会非常犹豫，即使做了选择，有时也会感觉很后悔，也会因此影响自己的心情，让自己一直处在坏情绪的包围中。

小斯宾塞一开始也是这样，他不明白选择到底是怎么回事，也不知道自己到底该如何选择，为此他感到非常苦恼，并且常常自言自语："如果我当时做"或者"如果我当时那样做"。

每当这个时候，我就会提醒小斯宾塞："孩子，这个世界上没有'如果'，生活就是一个不断选择和取舍的过程。你现在不要总是后悔自己的选择，而是要接受这些选择，并且努力使选择带来好结果，并享受其中的乐趣。"

在小斯宾塞 10 岁那年，镇上的公共图书馆因为资金不足被迫关闭。

这样一来，很多喜欢看书的孩子没有书看，这实在让人于心不忍。

一次，小斯宾塞偶然发现，在地下室的库房里堆了很多的书。他告诉我说，如果有了这些书，就可以开一个图书馆了。

我不想打击他的积极性，但也必须告诉他实情，我对他说："开图书馆需要准备房子，还必须征得镇上议会的同意。如果你想开图书馆，我支持你，但一切都必须靠你自己的努力。"

小斯宾塞听了，显得有些犹豫，毕竟，开图书馆不是一件简单的事情。是做还是不做，这是小斯宾塞要面临的选择。

一个星期后，小斯宾塞决定开设图书馆。我把他带到镇议会，议员们在听完他的构想后，都显得极为吃惊。随后，镇长礼貌地表示，他们需要进行进一步商议。

我想，在他们看来，小斯宾塞一定是一时头脑发热，才会做出这样的决定。他们认为，经过一段时间后，小斯宾塞会把这件事情忘记的。

后来，小斯宾塞问我："议员们会同意我的做法吗？"我想了一会儿，然后认真地问他："你真的下定决心要这么做了吗？"

小斯宾塞坚定地点点头。

于是，我说："那就按照你的心意去做吧。"

从那以后，每晚给镇长打一个电话成了小斯宾塞的必做功课。每次打电话时，小斯宾塞都会耐心地询问："镇长，你们商量得怎么样啦？同意了吗？"

但是，镇长每次的答案都一样："我们还没有商量出结果。"

在随后的几个星期里，小斯宾塞仍然重复着做这样的事情。后来，小斯宾塞的执着打动了镇长，其他议员也同意了小斯宾塞的请求。

只是，他们提出了两项非常苛刻的条件：镇上不会提供经费和材料，一切都要小斯宾塞自己干；在图书馆成立后，要由成人专门管理。

小斯宾塞同意了第一项条件，但他拒绝由成人管理图书馆，他说："既然成人不愿意给予我任何帮助，那我也不需要成人来管理图书馆。"

他还告诉那些议员，如果他们不同意，他就会每天抽出专门的时间给议员打电话。最后，议员们只好同意了。

接着，小斯宾塞开始了图书馆的创建工作。首先，他需要打扫潮湿、黑暗、肮脏的地下室。他找来自己的好朋友，而我也邀请几个邻居一起帮忙。

第一天结束工作时，小斯宾塞抱怨道："这个地下室真是太脏了！"我没有安慰他，只是问他："你是想要坚持，还是选择放弃？"小斯宾塞大声说："我要坚持自己的选择！"

第二天，一个邻居为地下室装上了电灯，小斯宾塞的朋友们的父亲也送来了书架。就连平时总是唠叨不停的桑德斯太太也来了，她为图书馆挂上了墙布、铺上了桌布。

就这样，在大家的帮助下，一个新的图书馆就成立了。

图书馆的开放时间是每周二和周四的下午4点到6点。每到这个时间，小斯宾塞就会准时坐在图书馆里等待。

没过多久，就不断有人来还书。小斯宾塞的图书馆没有各种苛刻的规定，也不用办理借书证。他对每一个读者都非常了解，只需简单记下借阅者是谁，借了什么书即可。

刚开始，一切都很顺利。但随着冬天的来临，没有暖气的地下室冷得让人难以忍受。这样的寒冷天气里，几乎没有人会来借书。

但是，每到图书馆开放时间，小斯宾塞和他的朋友仍然会准时在图书馆等待。有一次，小斯宾塞向我抱怨："图书馆太冷了，没人愿意来借书。"我又问了他上次问过的问题："你想要放弃吗？"

小斯宾塞依旧摇摇头，继续坚持着。

后来，有邻居把家里用不着的旧地毯拿到了图书馆，铺在了冰凉的地上，还有邻居热心地安装了煤油取暖器。

在众人的帮助下，图书馆安然度过了冬天和春天，迎来了放暑假的夏天。到了这时，小斯宾塞的图书馆变成了所有孩子的乐园。

后来，伦敦的一家报纸报道了这件事。英国皇家图书协会听说后，也给小斯宾塞的图书馆捐赠了大量图书，并且授予他奖章。

与此同时，很多热心的英国人从各个地方给小斯宾塞寄来了信件和书籍。当小斯宾塞拿到奖章、阅读着那些充满感动的信时，我再次

问他："你是坚持选择，还是放弃？"这一次，小斯宾塞仍然坚定地
点点头。

　　当然，不是每个孩子都有创办图书馆的经历，但我相信，他们在
做出选择后，都会在大脑中问自己一个问题：我是坚持选择呢，还是
放弃？

　　我建议父母和老师，要经常拿这个问题问问孩子，让他更加清楚
自己是想坚持还是放弃。这能够帮助孩子脱离感性状态，变得更加理性，
也能让孩子从幼稚的孩童逐渐成熟起来。

　　而且，如果父母帮助孩子养成了这样的好习惯，孩子在对待和处
理事情时，就不会总是犹豫不决、不知所措。一旦孩子最终做出了选择，
他就会知道自己这样选择的意义。

　　在我看来，如果一个人可以听从内心的声音，做出最让自己满意
的选择，然后为了这个选择不断地努力，我想，他一定会获得自己想
要的成功。

　　父母和老师要让孩子明白，在做出选择的同时，也意味着要放弃
其他的一些事物。对其他事物的放弃，也是对自己选择的一种尊重。

　　在成人的世界里，我们都非常清楚地知道，一个人能不能生活幸福、
能不能取得大的成就，与他的大脑是不是聪明、他的运气是不是很好
没有直接关系，最重要的是看他会不会选择，并且为之持之以恒地努力。

　　孩子年龄虽小，我们也要让他明白这个道理。不管我们大人如何
看待，对于孩子来说，他们早已开始了真正的生活。

　　帮助孩子养成终生受益的习惯吧，可以利用生活中的小事教育孩
子。相比于金钱、财富或者地位，习惯才是父母留给孩子的最好遗产。

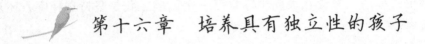 第十六章　培养具有独立性的孩子

在我们的生活中，欢喜总是和忧伤结伴同行的。当孩子出现在你的生活中后，他的天真烂漫、活泼可爱，他对你的信任和依恋，就像严冬时照射在身上的阳光那么温暖，像是暴雨后出现的彩虹那么美丽动人。

从那一刻开始，你便和孩子相互依赖，你时刻都把对方放在心里，让生活中充满了欢乐和各种说不出的感动。

我想，这些是每一个做父母的都曾经有过的情感经历。

然而，孩子就如蒲公英的种子，在发育成熟后，便随风飞走，找到最合适的地方降落，然后生根、发芽、长大，开出属于自己的蒲公英花。

孩子不可能永远依偎在父母的怀抱中，当他长大后，就会离开父母，开始独自生活，经历那些必须独自经历的事情。

那些我们曾经经历过的风雨，孩子也会再次经历；那些曾经出现在我们面前的生活难题，孩子也必须面对。这样的过程充满了快乐和悲伤，让母亲不禁落泪，让父亲感慨万千。

然而，**不论如何，孩子必须离开，不管他们已经变得很强大，还是仍然很弱小。他们有自己的生活，他们拥有新的世界。而且，他们已经成为新世界的一部分，以此接受新世界的召唤。**

这是生命的法则。

孩子的离开，也给人类带来了积极的影响，人类能得到更好的发展，能不断地进行繁衍，而生活也变得更加丰富，充满了各种乐趣。

不管我们多爱他们，不管我们会多思念和惦记他们，他们依旧会义无反顾地远离我们，开始属于自己的人生。

所以，我们要擦掉泪水，用充满力量的手掌拍打着孩子的肩膀，大声说道："去吧，孩子，未来是属于你的，开始你的新世界吧！"

但是，在放开孩子的手之前，我们要帮助他们做好充足的准备，从较简单的体力准备，到比较复杂的知识准备、品质准备、习惯准备等，而在这些准备中，让孩子具有独立意识，则是最重要的了。

» 让孩子独立面对自己的生活

我想，如果让父母为孩子祷告，他们一定会对上帝发出同一种请求：亲爱的上帝，希望你能赐予我的孩子轻松和富足，让他不必体验生活的艰辛；希望你赶走孩子身边的邪恶和诱惑，让他能够一生正直；希望你赐予他甜蜜的爱情和完美的婚姻；希望你让他一生幸运。

然而，父母的这些发自内心的祝愿和祈祷，只能是内心的美好祝愿，因为想让孩子品尝到幸福的果实，就必须依靠孩子自己的努力，上帝和父母都无法代劳。

正因为这样，教育的目标才是发展孩子的身体和心智，让他更好地适应将来的生活。也是出于这方面的考虑，我们要从小就锻炼孩子，帮他练就独立生活的能力。

在动物群体中，这种出自本能的教育似乎无处不在。

在狼群中，在幼狼出生后没多久，公狼就会把它赶出狼群，让它到处奔波，开始独立生活。这样的过程中，幼狼的身体会逐渐强健起来，各种感觉器官都会变得很灵敏，反应也会更加迅速和敏捷。而这些，能够帮助幼狼在弱肉强食的动物界生存下来。

狮子也是如此。当雄狮或母狮捕捉到猎物后，通常不会让幼狮先吃，它们会赶走飞奔而来的幼狮，自己先饱餐一顿，然后才让幼狮去吃。此时，幼狮只能撕咬猎物身上难咬的部分。

成年狮子之所以这么做，是为了让幼狮树立这样一个观念：不经过努力的搏斗，就吃不到美味的肉。而在未来的生活中，这一切也必然得到验证。在幼狮学会捕食后，也会被雄狮赶走，开始独自面对大自然，训练各种生存技能。

如果成年狼或狮子因为溺爱，就把幼狼或幼狮留在身边照顾，这实际是对它们最大的伤害。一旦失去了父母的庇佑，这些幼崽必然无法在自然界生存。凶猛的动物在养育幼崽时，都会残忍地让它们独立生活。

虽然表面上看，人类社会似乎不如自然界那样残忍，但实际上，人与人之间的竞争之激烈程度、斗争之复杂，比动物界有过之而无不及。胜者为王、败者为寇，物竞天择、适者生存，从这个方面来说，人类社会和自然界也是相通的。

随着社会发展速度的加快，社会变得日益纷繁复杂。竞争激烈的生存环境要求每个孩子都能独立自主，这样他们才能有独立面对社会竞争的能力，从而在多变的社会环境中能够临危不乱，能够站得住脚，能够沉着地应对挫折。

现在很多父母都特别宠爱孩子，本该孩子自己做的事情，父母都为孩子代劳了：为孩子穿衣梳头，为孩子洗脸穿鞋，为孩子整理书包，为孩子打理一切一切的事情……

时间一长，孩子就沉溺在父母的宠爱之中，于是便养成了"衣来伸手、饭来张口"的恶习。一旦孩子独自在外生活时，就不能适应外面的环境，更不要说独立自主地应对困难了。

所以，当父母的一定要注意培养孩子的独立能力。作为父母，不要过度溺爱孩子，应该在日常生活中注意锻炼孩子的动手能力；再就是给孩子独立锻炼的机会，不要一看到孩子自己在做某事时就马上上前帮忙；还有就是要给孩子鼓励的话语，让孩子在鼓励中慢慢培养起独立自主的做事能力；特别需要注意的就是让孩子在集体、社会中锻炼一下，让他们在与他人的交往中加强自己的独立自主能力。

孩子一切能力的塑造都要从小抓起，这样才能从基础做起，才能真正让孩子得到提高。孩子拥有独立面对生活的能力后，也能独立自主地学习，就能很好适应这样一个竞争激烈的社会的各种要求，成为一个独立自主的人。

如果孩子小时候没有养成一切靠自己的习惯，那么在以后成长的生活中孩子就容易产生强烈的依赖心理。这些孩子一旦离开父母的庇护了，那么他就很难生存下去，更谈不上发展了。

所以，我一开始就特别重视培养小斯宾塞的独立能力，并尽可能早地帮他树立起独立意识。尽管我也像其他父母一样，会想方设法给予小斯宾塞一些帮助，但我一再告诫他，生活是属于他自己的，必须由他自己去迎接、去面对。

小孩子由于上身和下身比例不协调，走路时会经常跌倒。一看到这种情况，很多父母就会很心疼，立刻把孩子扶起来，看看有没有受伤。

但是我从来不这么做，我只会用鼓励的眼神看着他，或者充满爱意地说："你看看，地上的那块石头正在看着你，想看你能不能爬起来。"

在孩子学习时，一旦遇到了困难，就容易向父母寻求帮助。当小斯宾塞希望我帮他时，我只会告诉他解决难题的途径，比如让他查字典或者查找相应资料。如果他不满足于这些，想让我提供答案，我就会直接拒绝："找到答案是你自己的事，我相信你能做好。"

在很多时候，如果你愿意饱含深情地对孩子说一句话，会比简单地拒绝好得多。

你可以充满感情的说一句："孩子，你成长的过程就是不断解决问题的过程，当你依靠自己的力量解决了这些难题，你也能从中体会到成长的乐趣。"

当然，你也可以严肃地告诉孩子："孩子，这是你自己的事情，你要学会自己做，我可没有闲工夫管你。"

这两句话虽然都是想让孩子独立解决问题，但这两句话起到的作用和效果绝对不一样。

» 给孩子努力后的快乐体验

一天，我和小斯宾塞决定去爬山。在经过一番讨论后，我们决定去爬位于德文特河上游的阿喀斯山。

天气非常炎热，我们在准备好了水和食物后，就立刻出发了。一路上，我们看到德文特河两岸的麦子已经成熟了，直直地站立着。空气中没有一丝风，头顶会偶尔飞过一两只小鸟，叽叽喳喳地叫着。

我们就这样在太阳的照射下走了一会儿，由于没有带遮阳帽，我们很快就感觉有些吃不消了。小斯宾塞也告诉我，他实在忍受不了毒辣的阳光了。

我想了一下，问道："你能不能想个办法，看看怎么做能遮挡住炎热的阳光？"小斯宾塞想了一会说："这样吧，我们用树枝编帽子，这个过程肯定很好玩，而且帽子还能遮挡太阳。"

我们选择了叶子较多的桉树枝，摘够了树枝后，三下两下就把帽子编好了。戴上帽子后，我们的脚步也变得轻快起来。

到了下午，我们终于到了阿喀斯山脚下。我和小斯宾塞稍作休息，然后就开始一起往上爬。眼看着再爬一段距离就能到山顶了，小斯宾塞却说自己走不动了。他用充满乞求的眼神看着我，希望我能伸出援手。

我没有这么做，而是鼓励他说："孩子，爬山是你自己的事情，你必须凭借自己的力量爬上去，才能体会到真正的乐趣。孩子，加油，你能行！"

在我的鼓励下，小斯宾塞坚持了下来。最后，我们终于爬到了山顶。我们在山顶上吹着凉爽的风，朝着山下望去。此刻，德文特河就像一条漂亮的丝带，而德比城也显得非常美丽。小斯宾塞看了，高兴地拍手叫好。

我们坐在一棵松树下休息，一边吹着习习凉风，一边舒适地喝着水、缓解疲劳。我不失时机地告诉小斯宾塞，在现实生活中，孩子有能力做很多事情，只是因为可以依赖别人，所以就放弃了。事实上，放弃自己做事的孩子，永远体会不到依靠自己努力得到的快乐。

» 从小养成孩子的劳动意识

很多父母不但没有培养孩子的独立意识，而且常常无原则地满足孩子的各种要求。如果孩子的各种要求总能得到满足，他就会认为一切理所应当，逐渐变得失去独立性，喜欢依赖大人。

所有父母都应该认识到，随着年龄的增长，我们会一天比一天衰老，我们会开始变得无力，各种精力和雄心壮志也会被一点点消磨掉。我们无法一直给予孩子帮助，也不能永远满足他们，更不可能代替孩子去经历生活中的磨难。

想要获得真正的未来，就需要孩子自己去努力、去创造。

我认为，在平时的生活中，父母让孩子做一些劳动以换取他想要的东西，比直接给孩子这种东西更好。简单的给予，可能让父母觉得很高兴，却无法让孩子感受到自己争取的乐趣。用劳动换取物质，不仅让孩子得到了自己想要的东西，还让他学会了真正的生活。

比如，孩子看到其他同学都有一双凉鞋，自己也想要，你可以答应孩子，但是必须让他付出相应的劳动；孩子想买书，这是好事情，但这也需要让孩子用劳动来换取。

劳动能够提高孩子的技能，开阔孩子的视野，培养孩子勤俭节约的品质。从小就热爱劳动的孩子长大参加工作后，收入比儿童期不爱劳动的人要高出四倍。孩子的许多生存技能都是在劳动中获得的，劳动给了孩子许多书本上学不到的东西。

童年是培养孩子劳动习惯的最佳时期。孩子此时好奇心强，模仿性强，活泼好动，正是进行劳动教育的好时期。劳动并非和痛苦相连，它也可以是愉悦的体验。父母要做的事就是让孩子感觉到劳动的愉悦。

孩子勤劳的性格是在持续的劳动中形成的。勤劳是财富的源泉，孩子正是借助童年时对劳动的美好体验，走上热爱劳动的道路。劳动给孩子带来了知识、技能、快乐，让孩子具备了独立生活的能力。

劳动能够让孩子感到充实、幸福，还能有效调节大脑。孩子不能只一心学习而不爱劳动，劳逸结合才能发挥潜能。一个热爱劳动的孩子，他的综合能力才会显著提升。

家庭是一个神奇的地方，既能给孩子温暖的呵护，也能为孩子提供各种挑战，让孩子能够适应社会，适应未来的生活。

在小斯宾塞7岁后，我会给他提供学习用品和生活用品，但是除此之外，其他所有的东西，都是他通过自己的劳动换来的。虽然这种交换不像真正的交易那样是等价的，但至少也是等值交换。

我不希望小斯宾塞能成为神童，我只希望他能身体健康，心智成熟，心地善良，他能够利用自己的努力谋求属于自己的幸福。

我虽然一再向小斯宾塞强调，"要想得到，就必须付出劳动"。但在真正执行时，我却并不会让小斯宾塞进行过多劳动，因为过多劳动会影响他的精力和求知欲望。

当然，我所说的劳动，和父母出于生计所迫或者其他原因，让孩子过早劳动是不一样的。在贫困家庭里,我经常看到父母把本属于自己的工作也交给孩子做,这样会伤害孩子的身体发育和心智成熟。

这种早当家的孩子虽然具有了强大的独立意识,但这是付出了巨大代价换来的,这些孩子没有时间做好创造美好生活的准备,只能像上一代人一样,因为能力不足而过着贫困潦倒的生活。

» 父亲的爱要时刻伴随孩子

我在上一节谈到了培养孩子独立意识的话题。与此同时,我还想进一步阐明,孩子的独立与父母的爱并不矛盾。

我们希望孩子能够像雄鹰一样展翅高飞,用有力的翅膀搏击苍穹,而父母的爱,也应该包含在教育当中。

让孩子独立成长,确实是非常理性的决定。但在对孩子进行如此理性的训练时,也不能隔断父母感性的爱。父母要明白,不能为了得到独立性强的孩子就让爱变得疏远,也不能因为爱孩子,就阻碍了孩子独立能力的训练。

在小斯宾塞 13 岁那年,我曾给他写了这样一封信:

> 亲爱的小斯宾塞,我的天使,我很高兴迎来了这样的时刻。不管我们准备得是否充分,你都将步入一个崭新的世界,开始属于你自己的新生活。
>
> 在新的世界里,我不能再牵起你的手,把你安然地从此处带往彼处,你必须独自行走。我能够做到的,就是一直对你给予支持,哪怕你希望我远离你的视线。
>
> 当然,我还会陪伴在你的身边,告诉你我的经验,给你一些好的指导。但是,你要清楚地知道,我无法代替你,一切必须由你亲自决定,由你自己承担一切后果。
>
> 我很高兴地看到,你已经学会了如何进行独立思考,你也具备了我所提倡的科学精神。我希望,你能将它们合理运用。
>
> 最爱你的赫伯特·斯宾塞

第十七章　让孩子拥有健康的心理

　　在我写完《心理学原理》这本书后，我就一直在思考，要怎么做才能帮助孩子获得健康的心理状态。

　　成人的心理一部分来自自己的孩提时代，一部分是进入成人世界后，才逐渐形成的。所以，我需要对孩子如何获得健康心理进行专门的论述。

　　在教育方面，熟悉孩子不同阶段的一般心理特点、掌握其中的变化规律并寻找可行的应对方法，就和掌握一部机器的内部构造是同等重要的。

　　在心理方面，教育者需要研究的问题有很多，比如孩子在每个阶段的心理特点是什么样的？形成这些心理特点的原因是什么？如何对这些心理特征进行诱导？诱导的结果会如何？哪些行为是因为心理出现问题，而与理智、道德及情感无关？引起积极和消极心理的行为各是什么样的？

　　承认孩子的行为与心理因素有关，是教育中的一大进步。

　　孩子的心理状态就像是一条隐秘又曲折的小路，有时，这条小路会变得平坦、开阔起来，有时又会变得非常狭窄而且满目荒芜。

» 培养孩子积极乐观的心态

　　我认为，在教育孩子时，我们必须帮助他们树立积极的信念，让他们用积极的态度、心理去面对生活中的所有事情。

　　积极乐观的心理会形成强大的磁场，磁场散发出的吸引力就像鲜花吸引蝴蝶一样，能将各种有利条件不断吸引到自己身边。

乐观的心态是一个人能够获得幸福生活的保证。一个人的幸福不是因为金钱、名誉、地位，而是因为乐观，拥有一颗平常心。乐观的人能够用积极的眼光，看待所发生的任何事情，能够勇敢地面对困难挫折。

　　如果没有乐观的心态，很容易会被一点小事影响心情，甚至夸大事态的严重性，终日惶惶不安，这样不仅影响自己的情绪，久而久之，还会影响到自己的身体健康，所带来的后果是很严重的。

　　一个乐观的人是受大家欢迎的，他带给别人的是轻松快乐；而且乐观的人是积极热情的，他能替别人着想，为别人排忧解难，让自己乐观的思维去影响别人。没有人会拒绝和一个乐观的人交往。

　　父母从小培养孩子乐观的心态，对孩子的成长非常有利。乐观的心态，让孩子无忧无虑地快乐地生活着；乐观的心态，能够使孩子勇敢地面对生活中的困难和问题，即使失败也一笑置之；乐观的心态，会对孩子以后的成功做好铺垫。

　　心态和性格有很大的关系，但是后天的教导和培养，能够使孩子慢慢养成乐观的心态。只要父母能给孩子一个快乐的环境，能在孩子忧虑时给予积极的引导、鼓励，孩子就会成长为一个乐观的人。

　　如果一个孩子一觉醒来，他的第一个想法是："我的天啊！怎么又到早上了！"那么，这一天他的精神状态都会很糟糕；而如果他最初想到的是："哇！早晨真好！新的一天开始啦！"那么，这一天他都会充满活力。

　　同样的道理，如果两个人都身陷沙漠，而巧合的是，两个人的水壶里都有半壶水。此时，悲观的人就会想："天啊，只有半壶水了，我一定会渴死的。"而乐观的人则会想："真好！还有半壶水，在喝完这些水之前，我一定能找到绿洲。"

　　悲观是与乐观相对立的一种消极情绪，它常常表现为兴趣淡漠、被动消极、悲观绝望、难以投入现实生活等。悲观的孩子一般对从前曾感到愉快的事物或者活动都不再有兴趣，不能对幽默做出反应。

　　悲观的孩子感觉前途渺茫，觉得生活毫无意义，常常沉思，回忆一些不愉快的往事，遇到挫折困难总是往坏处想。

最令父母头疼的是，悲观的孩子自我评价下降，常常怀疑自己是否有能力做好某件事情，过分夸大和关注自己的不足和劣势，意识不到或者不愿意去认识自己的长处和优点，有逃避的行为和心理。

悲观是一种不良的情绪，长期悲观地看待事物，很容易使孩子产生抑郁症，严重影响孩子的身心健康。其实每个孩子都会有情绪不佳的时候，尤其是当他们的生活出现不如意时，他们对自己产生怀疑，对未来产生悲观的情绪也就很正常了。

此时，如果他们能积极地把这种心态调整好，那么一切都会恢复正常；如果他们不能积极地调整自己的心态，就容易影响学习和生活。因此，父母要及时发现孩子的悲观情绪，引导他们尽快进行正确的自我认识，重塑生活的信心。

可见，悲观主义和乐观主义在无形中会使我们得到不同的人生。

像其他孩子一样，小斯宾塞也有意志消沉的时候，每当这个时候，我都会笑着告诉他："你试着换个角度看看，你肯定能发现，现在的一切都和原来一样好呢。"

我在平时教育小斯宾塞时，就很喜欢给他讲故事。而乐观弟弟和悲观哥哥的故事，则成了影响着小斯宾塞的心理的重要故事之一。

　　有一位老父亲，他有两个非常可爱的儿子。圣诞节前夕，为了考验一下两个儿子，老父亲给他们准备了截然不同的礼物，然后偷偷挂在了圣诞树上。

　　第二天一大早，哥哥和弟弟就早早起床了，开始寻找圣诞老人送给自己的礼物。在圣诞树上，哥哥看到了圣诞老人送给自己的气枪、足球，在圣诞树下，还有一辆崭新的自行车。

　　看到这么多礼物，哥哥并没有表现出高兴的样子，他反而变得满脸愁容。

　　父亲很不理解，就问大儿子："你怎么这么不高兴呢？难道你不喜欢这些礼物吗？"

大儿子叹了口气说："如果我拿着气枪出去玩，说不定会打碎邻居的窗户，那么邻居肯定会骂我的。这辆自行车很不错，我也很想骑出去玩，可是，我担心会撞到树上，把自己摔伤。这个足球也很好，可我担心会把它踢坏。"

父亲听了，沉默不语。

再看看圣诞老人给弟弟的礼物，除了一个纸包，再也没有其他的东西了。弟弟打开纸包，看到里面的东西后，不禁哈哈大笑起来。他一边笑，一边满屋子转悠，似乎在找什么东西。

父亲看了，便好奇地问他："儿子，你怎么这么高兴啊？"

小儿子回答说："爸爸，你快看，我的圣诞礼物是马粪，这说明圣诞老人送给了我一匹小马驹，我要好好找找才能找到。"

后来，弟弟在屋后找到了小马驹，他高兴极了，父亲也笑了，说道："这个圣诞节真是让人高兴啊！"

其实，在孩子学习和生活时，也会出现这样的情况，积极乐观能带来好的结果，而悲观失望则带来坏的结果，而且，也会影响到将来的生活。

» 帮助孩子增强自信心

如果你已经为孩子做了足够多的事情，那就再多做一点，那就是帮助孩子增强信心。

自信是促进人生发展、使人获得成功的心理力量，如同乐观心理；自信是生命中的一种积极、肯定的力量，是能力和意志的催化剂，能调动起人的一切潜能，让整个人处于最佳状态。

在自信的促进下，一个人不断地高水平发挥，时间长了，就会成为人的本能的一部分，整个人也将提高到一个新层次、新境界。一个人如果一直可以这样不断积累，必然会有获得成功的那一天。

自信是清晨露珠上闪耀着的夺目光泽，是被雨水洗涤后的树叶上闪现着的美丽绿色，是生命中一尘不染的宝石，是帮助每个孩子变得成熟、获得成功的力量。

作为成人，我们都很清楚，在很多时候，我们会因为拥有自信，从而缩短了与成功的距离，虽然此时离成功可能还有一段距离。

对于孩子来说，也是这样。当他心中充满自信时，面对原本感觉陌生、恐惧的东西时，他会不再畏惧。他会满怀信心地征服这些陌生、恐惧的东西，结果他真的就成功了。

在许多伟人和优秀人物身上，我们都可以看到这种超凡的自信。正是在这种自信的驱动下，这些人才既能大胆实践，又能异想天开，纵横捭阖，积极进取，百折不回，获取最终的成功。

自信在孩子的成长过程中起着很大的作用，自信是孩子取得好成绩和不断进步的动力。孩子拥有足够的自信，就能积极进取，勇于尝试新鲜事物，乐于接受各种挑战；反之则表现出胆怯、害羞，不敢突破自己去面对新情况，使孩子丧失许多锻炼的机会，进而阻碍孩子身心的正常发展。

帮助孩子树立信心，是父母的责任。对于大多数人来说，正常的智力加上高度的自信，就能取得成功。因此父母要善于鼓励孩子相信自己的能力，鼓励他们克服困难，取得成功。

可是在现实生活中，有些孩子比较缺乏信心，对这样的孩子父母应该着力培养他们的自信心。一个自信十足和一个没有自信的孩子站在一起，从他们的言行举止间就可以看出他们之间的差别。自信的孩子的言行举止总是神采飞扬，而缺乏自信心的孩子却是畏畏缩缩。

每个父母都希望自己的孩子神采飞扬，充满自信。一个对自己、对生活、对未来自信的孩子，总是能很好的面对生活给予自己的一切，因为他们相信自己，对自己充满了自信，一切困难都能战胜，都能克服。

自信对任何一个人的人生发展所起的作用，无论是在智力上还是体力上或是处世上，都有着基石性的支持作用。因此父母要善于鼓励孩子，让他们相信自己的能力，对明天扬起自信的头颅。

父母的教育对孩子的自信心的培养有着至关重要的作用。想要培养出有自信的孩子，最好的方法就是不断地肯定孩子、赞赏孩子；想让孩子变得自卑，方法也很简单，就是经常否定孩子、指责孩子。

在生活中，我们经常看到，一些孩子因为家庭贫穷或者自身并不优秀，也因为外界对他们有所歧视，使得他们获得的肯定和赞赏少之又少，各种否定和指责像空气一样时刻围绕着他们。

这些孩子想过要反抗，但是他们天生柔弱和善良，不具备反抗的力量。有时，他们还对世界心存最后一点幻想和信任，可世界回报给他们的，却总是厌恶和抛弃。此时，他们刚刚建立起来的一点自信，又破灭了。

逐渐地，这些孩子会成为自己的敌人，他们不停地反对自己，甚至对自己产生厌恶，开始为一点小小的错误严厉地惩罚自己；或者把所有人都作为自己的敌人，对他们满怀讨厌与憎恨。

孩子不自信，便会经常加重自己对自己的惩罚。这样的孩子害怕和别人交往，害怕面对陌生的知识。这并不是因为他们对知识不感兴趣，而是因为他们总是习惯性地把知识和外界施加给他们的歧视与不公联系在一起，使他们不断远离知识。

我认为，人的各种行为中，有两种是最邪恶的，一种是伤害别人的性命，一种是毁灭别人的自信。前者让人的肉体从世界上彻底消失，后者从心智上将人彻底谋杀。

所以，我认为父母要让孩子知道，生命和心智都只属于他自己，能够出生就是上帝的恩赐，不管孩子的成绩好还是差，长得难看还是漂亮，家境贫困还是富有，在上帝面前，所有人的权利和智慧都是一样的。

同时，父母还要告诉孩子，就像生活中有快乐和成功一样，失败也常常出现在生活中。不论如何，都要让孩子相信，自己可能不是最优秀的，但一定是绝无仅有、无可取代的，而且永远是父母的骄傲。

父母永远都不能对自己绝望，也永远都不能表现出对孩子的绝望。你要擦亮自己的眼睛，努力找到孩子身上的闪光点、长处，同时，对孩子大加肯定和赞赏。

在培养小斯宾塞的自信上，我也一直都是这样做的。我还认为：

● 如果我无法给孩子大量财富，那就给他创造财富的信心。

● 如果我无法给孩子无穷智慧，那就给他学习智慧的信心。

● 如果我无法代替孩子生存，那就给他生存的信心。

» 让孩子学会自尊自爱

为孩子能够迎接未来的生活做好充分的准备，这是教育的目的，也是我们所进行的所有教育行为的起点。

在孩子还很小的时候，他的本能就开始让他学习认识自我了。在3岁时，孩子开始关注自己的相貌。他开始喜欢照镜子，开始认识自己的眼睛、鼻子、嘴巴等。

稍大一些，大概七岁左右时，孩子喜欢偷偷地将自己的身体与其他小朋友的身体做比较，企图发现自己的身体与能力、性格、心智是不是有什么关系。可以说，这是孩子进行自我认识的第一步。

后来，孩子开始了群体生活，此时，孩子会在集体中担任各种不同的角色。这种角色会引起孩子的思考，他会开始把角色和身体联系在一起看。于是，孩子就开始了心理上的自我认识之路。

我认为，当孩子在心理上有了一定的自我认识后，他的性格也会因此受到影响。我们要让孩子知道，他必须保护自己、珍爱自己。不管外界对孩子会发出什么样的评价，都要让孩子永远珍爱自己。

我一直认为，自尊的人才懂得自爱，不自爱的人无自尊可言。人最珍贵的情感是尊严。一个能够尊重自己的人，才会好好地学习、生活、工作。而一个没有尊严的人，哪怕活着，也只是一具行尸走肉，毫无灵魂可言。

不自尊、不自爱，丢掉的是一个人存活于世的意义。生活中再多的错误，都没有不自尊、不自爱犯下的错误可怕。一旦犯了，就是永远的疤痕，怎么也洗刷不掉。

一个人拥有再多的名誉、权势、财富，如果不懂得自尊自爱，终会为人唾弃，终会生活在精神的镣铐中。父母想给孩子一个幸福的人生，就要让他学会自尊自爱。一个懂得自尊自爱的人，哪怕生活贫穷，也能收获强烈的幸福感。

我们的孩子以后都会走进社会，因为所处环境的不同而担任不同的角色。这其中，重要的不是孩子担任什么角色，而是在孩子所担任的每个角色里，孩子自身是什么样子：孩子对自己的表现满意吗？他们有爱心和同情心吗？他们对生活负责任了吗？他们每天都感觉快乐吗？他们的思维进步了吗？

我一直都认为，**一个人高贵不高贵，不是取决于别人的评价，而是取决于他内心对自己的看法**。我想，但凡有一些人生阅历并且知晓一点历史知识的人，都会赞同我的这一观点。

孩子认为自己高贵，才会爱惜自己的身体、声誉等，不允许别人有侮辱自己的行为，自己也不去做卑躬屈膝或者有损自己尊严的事情。

这是一种良好的心理状态，也是一种高素质文明的行为，一个人只有做到自尊自爱，才会得到别人的尊重，才会活得有尊严，才能有进步。

自尊源于羞耻心。一个知道羞耻的人，才能够控制自己，不去做低贱、卑微的事情；自爱首先是看得起自己，认识到自己的价值，并且珍惜自己所拥有的一切，不容许别人有丝毫侵犯。自爱的孩子才会有自尊。

一次，小斯宾塞放学后回来说，班上打算排演话剧《威尼斯商人》，而老师指明让他扮演安东尼这一角色。

小斯宾塞非常兴奋，他请求我帮他背台词，讲解在不同情景下的人物心理。我很高兴地答应了。和阅读能力相比较，小斯宾塞的口头表达能力并不突出。我想，正好可以借此机会锻炼一下小斯宾塞的口语。

就这样大约过了两周，突然有一天，小斯宾塞非常失望地告诉我，班上的同学和老师都觉得他说起话来像个古板的老学究，没有一点感染力。老师决定让其他同学演安东尼的角色，而让小斯宾塞在幕后念旁白。

我安慰他说："念旁白也是很重要的工作呀，有了旁白，故事的情节才能彻底地展开。"但是，小斯宾塞显然很不认同我的话。

晚饭后，我带着小斯宾塞到屋后的花园里散步。在黄昏中，玫瑰花的叶子开始长大，葡萄架上的葡萄藤也冒出了嫩芽，只有满地的蒲公英已经开出了黄色的小花。

我走到开满蒲公英的地方，拔起一丛蒲公英对小斯宾塞说："这些蒲公英真碍眼，我要把它们全拔了，让花园里只有玫瑰花，你觉得这样好吗？"

小斯宾塞有些不舍地说："我觉得，这些蒲公英很好看，非要拔掉吗？"

我停下手，起身笑着说："你说得对，这些蒲公英很好看，虽然它们不是玫瑰，却有自己的美丽之处。没有人可以成为别人，你也只能成为你自己，这才是上帝的真实意图。"

小斯宾塞明白了我的话，原本低落的情绪也变得高涨起来，开始努力地练习旁白。在他演出的那天，我去观看演出，并把我带来的一束蒲公英托老师转送给他。那一次，他的旁白念得非常好。

很多年过去了，有一次，我帮小斯宾塞整理旧书，在一本莎士比亚的剧本里，我发现了自己送给小斯宾塞的蒲公英，已经被压成了淡黄色的薄片。

自尊是一种积极的行为动机，能促使人合理地维护自身利益，努力去克服困难、弱点，直到成功。自尊的人有上进心，因为他不容许他人歧视、侮辱自己，所以他会努力、努力、再努力。

自尊自爱的孩子是备受人疼爱的，也能获得大家的敬仰、扶持。一个自尊自爱的人生，必定是一个幸福、温暖的人生。

» 用鼓励培养孩子的勇气

我不知道是不是应该把勇气归于心理学的范围，因为它必须依赖其他很多因素的支持；我也不知道，勇气是不是意味着勇敢的行为。

我唯一确定的一点是，勇气是我们活着的希望。

在面对困境和恐惧时，往往会产生前所未有的勇气。但在同样的环境中，原本存在的勇气也容易消失不见。勇气是一种对自己的智慧和力量的自信，是一种积极乐观的态度，是一种内心的果断。

每个孩子在成长的道路上都会遇到许多麻烦，在面对困难和挫折的时候，胆小懦弱的孩子往往没有坚强的意志去克服困难和挫折。而有勇气的孩子则能够做到持之以恒，凭借自己坚强的意志，战胜困难和挫折，越过障碍和绊脚石，从而取得成功。

勇气，是所有孩子都会遇到的问题，所有的孩子也都会思考"我有没有勇气""要怎么做才能获得勇气呢"等问题。

我认为，培养孩子的勇气应该从日常生活中入手，在面对问题时，要让孩子以积极的态度全身心投入。

但如果一个人能持续对自己进行积极的自我暗示，那么他的判断力和记忆力就会提高，反应也会更加迅速，这对于解决生活中的问题很有帮助。相反，如果他失去了勇气，他就会不断自责，他就会生活在恐惧当中。

勇气能帮助孩子迅速做出比较和选择，当孩子问自己"如果不这样做，有没有更好的方法"时，他就会迅速得到答案，并且会为了自己的选择而努力。

孩子没有勇气，与父母的教养方式有很大的关系。许多父母过分溺爱孩子，往往出于保护孩子的目的，不准孩子单独外出，不让孩子接触同龄的小伙伴，只让他们寸步不移地守在自己身边。一旦孩子的活动范围不被父母所控制，孩子便会受到父母的责备。

父母的过分保护，导致孩子失去了许多锻炼勇气的机会，使孩子缺乏基本的适应能力，即使是很小的困难和刺激也接受不了。

孩子在今后的社会生活中将要承担更多的责任，承受更大的竞争压力，如果没有勇敢的精神，孩子将难以当机立断地把握成功的机遇，难以勇敢地祛除心里的恐惧，难以成长为社会的栋梁，也难以承担家庭的责任。

培养孩子的勇气，就和培养孩子的自信一样，都需要父母不断地鼓励、肯定和赞赏。其次，父母还要让孩子多经受生活的磨炼，找到属于自己的远大目标。

从小斯宾塞很小的时候开始，我就有计划地培养他的勇气。在每个孩子的成长过程中，一定存在着困难和让他们感到恐惧的事情，可能是害怕黑夜、迷路、和其他朋友发生了争执，也可能是到了陌生的环境、父母对自己的惩罚等。

一旦面临这些事情，孩子的第一反应就是渴望得到帮助，如果大人可以替他们挡下这些事情那就更好了。

但是我认为，除非有什么特殊原因，否则最好让孩子自己去面对自己的人生。而大人可以做的，只不过是关注孩子，鼓励他鼓起勇气。

在孩子的一生之中，面临着许多挑战和选择，没有勇敢的品质，他们不可能把握住良好的机遇，也不可能克服困难，迎接最后的成功。

勇敢是战胜困难的信心，是战胜自我的勇气。那些勇敢的孩子往往为了自己的正当利益，能够不怕困难、不畏强暴、不达目的誓不罢休。

另外，我从来不把残害小动物这样残忍的事当成有勇气的行为，我经常告诫小斯宾塞，一个真正有勇气的人肯定是一个具有怜悯心和同情心的善良的人。

同样地，我也从不认为能做出莽撞、冲动、没有理性的行为的人是有勇气的人。我一直都让小斯宾塞知道，勇气与理智是不可分割的整体。

第十八章　让孩子掌握最有价值的知识

世上食物很多，人在食用前都会进行一定的选择，对于知识的摄取也是一样。选择食物时，我们通常会选择那些自己喜欢吃的，同时也会选择一些有益于身体健康的食物。而在选择知识时，我们在考虑自己兴趣的同时，也会选择一些可以让我们更幸福的知识。

对孩子而言，价值最大的知识是什么知识呢？如果人可以一直活下去，那么，所有的知识都应该进行学习。但现实并非如此，每个人都只能活有限的几十年或上百年。有一首老歌唱得好：

> 如果每个人都有把握，
> 让生命可以不断持续下去，
> 那么就能知道所有事，
> 取得各种大的成就，
> 不用着急，也不用忙碌。

但是，不管是谁，勇于学习的时间都非常有限，人生苦短是一方面，另一方面也是由于人事纷繁。所以，我们必须仔细研究所学知识对以后人生的价值，看看花相同时间去学习不同知识会有怎样的结果。这是非常明智的。

为了孩子的未来，为了孩子将来能正确行动，对于孩子要学习的内容，我们应该进行正确的筛选。

教育的主要目的，应该是教会人正确对待身体、培养心智，学会正确处理事务的方法，学会教育好子女、做一个合格公民，并懂得利用自然界的一切资源为整个人类社会谋取福利。

所以，我们在选择教育的内容和方法时，必须依据教育的主要目的进行，绝不能盲从大众，随波逐流。

» 让孩子掌握最基础的生活知识

把各种知识按类别进行划分，再根据知识与生活的联系密不密切进行排列。这样做虽然很烦琐，但对教育孩子却有很高的价值。

需要进行分类和排列的知识有：

● 对保全自我有直接作用的知识。

● 帮助获取生活资源以间接保全自我的知识。

● 正确教养孩子的知识。

● 能帮助保持社会关系的知识。

● 能满足兴趣爱好和感情需要的知识。

首先，能保证人身安全的知识和防范各种危险的知识，都应该放在首位。

其次，需要获取生活资料的知识。一个人必须懂得如何进行劳动和工作，才能养活自己，也才能结婚生子。如果一个人没有养活自己的知识和能力，那么就不可能承担其他更多的责任。

第三，要掌握养育和教育孩子的知识。从时间上看，家庭早于国家出现，在没有形成国家之前，家庭就已经建立了。而在国家灭亡后，家庭仍然存在。家庭的幸福和国家的富强有直接联系，所以父母必须学习教养孩子的知识。

第四，为了成为一个合格公民，就要学习必要的知识，比如一些社会规则、个人要承担的责任，等等。

最后，在掌握了以上知识后，还应该学习欣赏一些可以让生活得到放松的娱乐活动，比如欣赏音乐、绘画、书法、诗歌，等等。

想实施理想的教育，父母就要对以上的知识和能力做好充足的准备，即使不能全部精通，也要掌握其中的大部分。

在这些知识中，父母要让孩子知道，知识和知识是不同的。有的知识具有永久的内在价值，有的知识只有一半的内在价值，有的知识只有习俗的价值。

科学的真理拥有永恒的内在价值，这种价值经过千年也不会消失。比如"在水中运动的物体所受到的阻力与运动速度的平方成比例""氯是一种消毒剂"。

掌握了拉丁文或希腊文等外国文字，这样的知识只有一半的内在价值；在历史的大名目下，所出现的年代、代表人物、代表事件等，也只有习俗上的价值而已。

当然，我并不否认，与人类的发展始终联系密切的事实，比那些发生在某些年代的事实更重要。但在一般情况下，有内在价值的知识的重要性高于有半内在价值的知识。

有一点我必须要指出来，不管掌握的是哪一种知识，都能获得双重收获：既可以用这些知识来指导自己实践，又可以让心智得到锻炼。

可喜的是，对于如何利用第一种知识进行教育，大自然早已安排好了答案，也不用我们胡乱摸索。被母亲抱着的孩子，一旦看到生人，就会立刻躲进母亲的怀里，这是孩子的本能反应，他会避开任何可能带来危险的事物。

在孩子学会走路的时候，一旦看到了害怕的事情，就会本能地朝母亲求救。不只这样，孩子时时刻刻都在学习自我保全的知识：他努力让身体保持平衡，努力学会自己掌握自己的动作，而且尽可能地不让自己受到伤害。

几年后，孩子的力量就会在跑、爬、跳以及其他需要运用身体技巧的游戏中表现出来。而在我们眼中，孩子的那些动作，都是为了身体能达到自由运动状态而做的准备。

自然已经做了最好的安排，出于为孩子着想，除非出自安全的提醒，否则不要干涉孩子的任何活动。更不能像一些无知的父母那样，总是禁止孩子做这个，禁止孩子做那个。

当然，这些还不是全部的直接保全自我的知识。父母除了要避免让孩子的身体受到机械伤害外，还要让他免受其他原因导致的伤害，这是教育中必不可少的准备。

比如，怎么能让孩子不违反生理规律从而避开生病和死亡的威胁，怎么做可以避免由于坏习惯引发的能力丢失和衰弱现象等。

我们似乎时时都能看到身患各种急性病或慢性病，或者身体虚弱或者未老先衰的人，在这些人所患的疾病中，有些疾病只要稍加注意就能避免。有人因为大意着凉得了风湿热，最后引发了心脏病，有人因为过度学习而视力下降……

我们暂且不去讨论这些疾病会引起患者怎样的情绪反应、会浪费多少金钱。单单考虑到由于身体不健康，一些人无法达到自己的人生目标，这是多么遗憾的事情啊。

生活中的各种不幸、各种不愉快以及随之而来的挫败感，大都是因为缺乏必要的自我保全知识造成的。所以，在教育中要传授给孩子保持身体和心理健康的知识。

对于第二种知识的传授，即让人掌握谋生手段，从而为保全自我建立基础的知识的传授，则不用过多强调，因为这是所有父母和老师都知道的事情，甚至于，他们还会把传输这些知识作为教育的唯一目的，让孩努力学习语文、数学、物理、化学等知识。

» 让孩子掌握科学知识

在一切知识中，我觉得，科学知识能让人受益终生，也具有永恒的价值。

父母和老师要重视科学知识，并且用这些知识来开启孩子的智慧、活化孩子的思维，让孩子形成自己的思维习惯和方法。一个能用科学思维思考问题的孩子，会避开很多人生的弯路。

（1）科学知识能增强孩子的记忆力。

在一般人的印象中，学习语文能使记忆力变强，也能提高理解能力。关于这一点，我也表示认同。但是，由于科学具有很强的因果逻辑关系，所以它也能提高记忆力。

在学习语言时，很多概念都是和一些偶然发生的事情联系在一起的，具有偶然性；而通过学习科学，能学到一些与客观事实相符的观念。

（2）科学利于孩子判断力的培养。

单从对孩子进行训练方面讲，科学比语言要多一个优势，科学能让孩子拥有理性的判断力。一般来说，语言所培养出来的判断力，都是以社会和人的内心情感为对象的。

法拉第在皇家协会做有关智育的演讲时曾经说道："只有先了解了周围事物、事件以及相互之间的关系，才能得到合乎理性和事实的判断。"按照传统方法教育出来的孩子，就有一个通病，就是没有真正的判断力。

（3）科学有利于道德和品质的养成。

毫无疑问，语言的学习是非常重要的，但却往往使人迷信某种权威。如果老师是这样讲的、字典里也有同样的解释，大家都会认为事实就是如此，不经大脑思考就全部接受。

而科学的学习却截然不同。科学让孩子了解权威的知识，同时又鼓励孩子去检验科学的真伪。同时，还要求孩子得出自己的结论。

科学讲究真实性，在孩子没有眼见为实之前，科学并不强求孩子全盘接受，并且要求他判断科学研究的每一步。

这样一来，孩子就会开始相信自己。如果他的判断正确，那么信息也会大增。而在这个过程中，他也得到了最重要的能力——独立思考和判断的能力。

科学赐予人的美好品德，还有坚毅和诚实。廷德尔教授有一次给我来信说："想要在科学方面获得成功，首要条件就是一定要虚心，当看到自己的想法和真理有冲突时，就会果断放弃。我相信，我们所未见过的永恒的忘我精神，会在热爱科学的人身上看到。"

（4）科学促进人的宗教情感。

"科学促进人的宗教情感"，听到这样一句话，你一定觉得惊世骇俗。但是，我必须指出，这里的宗教情感，仅指那些健康的宗教情感。而这里的科学和宗教，也是广义上的科学和宗教。有一些迷信会打着宗教的旗帜，这当然是科学和我都反对的。

通过科学，人们会看到，所有事物在运动中都会表现出一致性，这让我们非常崇敬。积累了知识和经验后，人们会发现，一切现象都有一定的因果关系，结果之间也存在着必然的联系。同时，人们也发现，只要愿意服从这些规律，一切就都会越来越美好。

科学能让我们对自己有真正的理解。科学让我们明白了许多知识，同时又让我们发现了许多未知的世界。只有真正理解科学的人，才能理解大自然、生命以及宇宙的完美与和谐，才能对这一切真心敬畏。

我们可以用一个比喻来解释科学的价值。在一个大家庭中，科学就是一个苦工，她有很多没有被发现的美德。每天，她都努力地工作，利用自己的技能给别人带来方便和满足。

她总是被安排在幕后，而她的其他姐妹却一直站在台前，展示她们的漂亮，获取鲜花和掌声。直到一切都恢复平静，人们才看到科学的美和价值。

所以，我再一次提议，所有的父母和老师，你们都应该把科学介绍给孩子，这有趣又美好的科学，能有益于孩子的人生，让孩子拥有美好的品德。

» 生命科学高于其他一切知识

对孩子进行一般的科学教育是十分必要的，但最先对孩子进行的科学教育，应当是关于生命的科学。在因果关系的复杂性、连续性、偶然性方面和由一种原因引发多种结果以及多种原因产生多种结果方面，生命科学和其他科学是一样的。

如果知道了这一点，那么也就能帮助孩子了解科学的其他方面。此外，生命科学还有最适宜孩子的练习，因为每一个人都需要生命的运动。

生命科学除了能让人养成有助于科学研究的思维习惯外，内含的一些概念也能帮助人们解决其他科学的难题。比如我们最常见的概念，"力""有机性"等，我们最初的理解来自生命。

生命规律很重要，为身心过程奠定了基础，也有利于所有政治、贸易、道德等。如果不懂得生命的规律，个人和社会的行为就无法得到正确的调节。

有机世界虽然在不断演化，但生命的规律在本质上却始终如一。

而且，如果我们不去研究生命规律的外在表现，就不可能理解其他比较复杂的表现了。

了解了这些，我们很容易发现，孩子喜欢的各种活动、青年人认真学习的知识，都是在为人生做积累。这些积累，以后会帮助他们完成伟大的活动。

第十九章　对孩子进行必要的情感教育

在我们人类世界中，若是把道德比作浩渺的星空，总是处在固定的位置、按照永恒的规则完美地呈现在我们面前，让我们望而生畏；那么，就可以把情感比作永远流逝的河流。

这条河流冲破各种阻碍，流向原野和山川。它有时会轻轻拍打着岸边，有时则会拍打出巨大的浪花；它有时会轻柔地灌溉着原野，有时会席卷所有流过的地方。

在教育中，情感教育占据重要地位。道德让人们知道应该怎样做，理智让人们知道具体的做法，而情感让人们知道自己愿意怎样做。

我认为，不论到何时，情感教育都是孩子必须接受的教育。在孩子的一生中，很多成就都来自情感的动力。情感让道德产生，给理智动力，给人生带来不竭的力量。

» 爱孩子，并让孩子学会爱

生活中，我们常常看到这样的孩子，他们的父母没有接受过很多教育，他们的老师也不优秀，但是，他们却比一般的孩子更有毅力、更有爱心，并且成为很多领域的杰出人物。

这些孩子拥有广阔的心胸，对人充满爱心。他们能够长时间地忍耐和坚持，最终战胜各种困难。很多父母都对他们的父母投来羡慕的眼神。

是什么力量使他们充满动力？是什么力量使他们获得成功？我想，这一切的答案都很简单，给孩子巨大动力的，是情感，是爱。

这些孩子在物质上很匮乏，所处的文化环境也很落后，但这一切丝毫不影响他们接受爱。那些爱，来自慈爱的母亲、每天为了生活辛苦劳动的父亲和默默无闻的老师。

父母和老师就像大地一样朴实，他们看似什么都没有，却给了孩子最珍贵的爱，并且为了这种爱付出了自己所能付出的一切，无怨无悔，默默地奉献自己的一生。

然而，有些家庭只有一个孩子，回到家后，感觉特别孤独，希望父母能够多陪自己一些。而在现实生活中，父母都忙于工作，容易忽略孩子的心理感受和需求，让孩子产生错觉，认为自己并不受父母的欢迎，父母不爱自己。

"爱"，从心理学意义上来说，代表着人的一种积极的高尚情感，它也代表着一种能力、一种态度，一种人格化的习惯。父母爱孩子，应该主动去关心孩子的生活，了解他们的内心世界，而不是等孩子出现问题时才恍然大悟。

爱是一定心理行为结构与内容结构的统一体。**就其行为的心理结构来说，爱是给予、关心、负责、尊重、了解和公正这几者的统一体。在这几者之中，了解无疑是爱的基础条件。如果没有对孩子的了解，根本谈不上尊重、关心、给予、负责和公正了。**

如果对孩子不了解，父母就不知道孩子真正需要什么，那么父母给予的也只是自己主观意愿认为孩子需要的，却未必是孩子真正需要的。

为了给孩子真正的爱，并且让孩子感受到父母对他们深沉的爱，父母应该尽量多抽出一些时间与他们独处，真正走进孩子的内心。了解孩子，给孩子最需要的，真正地去关心孩子，爱孩子。

让我们看看耶稣的经历，看看他为人类所做的一切，再看看人类在此之后产生的巨大变化，我们就一定能够了解，爱的力量是无穷大的。

所以，我一直认为，教育有一个重要的责任，就是要培养孩子爱的情感，唤醒孩子心中的爱。

而且，一旦孩子懂得了这种情感，教育中经常出现的矛盾就能得到化解，而对于父母提出的教育目标，孩子也能充满热情地努力实现。

在小斯宾塞10岁那年的一天夜里，天空突然下起了大雨。这时，一个人捎来一封关于父亲的信，信中说父亲病重，需要在德比买些药送去过。

那时，已经是晚上9点多钟了，我立刻前去买药，并打算连夜送去。父亲住在乡下，离德比镇大约有20多英里，但是这个时间已经雇不到马车了，我决定步行前去送药。

此时，天空中的雨更大了，而小斯宾塞却提出要和我一起去。看到他一脸的紧张和严肃，我竟然说不出拒绝的话。简单准备一番后，我们很快出发了。

雨越下越大，大风将雨点不停地吹向我们的脸庞，闪电不时地从黑暗的天空中划过，一时间将我们脚下的路和周围的田野照得明亮亮的。

小斯宾塞一直把我的手抓得紧紧的，还经常用另一只小手抹去脸上的雨水。他把眼睛睁得很大，仔细地看着坑坑洼洼的小路。我们的眼前一片漆黑，手中昏暗的小马灯只能照亮很小范围的路面。

大约走了10公里左右，我们终于在路边看到了一户人家。我看到小斯宾塞已经精疲力竭，就提议先去躲躲雨，休息一会儿再继续赶路。

可是，小斯宾塞却说："不行，我们继续走吧，我怕去晚了，爷爷会有生命危险。"听了小斯宾塞的话，我的心里真是感动极了，我们便继续在风雨交加、电闪雷鸣的夜晚前行。

当我们终于到达我父亲家时，小斯宾塞已经累得走不动了。第二天一早，雨停了，太阳出来了。小斯宾塞刚一醒来，就立刻问道："爷爷呢？爷爷的病好了吗？"

我心里不禁感慨：爱的力量是多么强大啊！

我知道，小斯宾塞的人生才刚刚开始，他还有很长的一段路要走。

但是，只要他心中充满了爱，那么即使道路再黑暗、再曲折，小斯宾塞也不会退缩。

爱父母、爱长辈，是奠定孩子良好道德修养的基础，是孩子做人的基本要求，也是各种美德形成的基础，是为人处世的根本。一个不懂得爱亲人的人，即使再成功，也不会受到大家的尊敬，他的人格是不健全的。

爱亲人是爱他人的基础，在社会中具有普遍的教育意义，父母要重视对孩子的品行进行监督和教育，逐渐培养他们的爱心，为他们走向社会打好基础。

父母不仅给了孩子生命，也教给孩子做人做事的道理，让孩子掌握未来生存的本领。如果一个人不懂得爱父母，就不能称之为人。

父母对子女的爱是一种天性的，发自内心深处最原始最纯真的感情。但是良好的家庭教育应该要孩子懂得感恩，知道回报，懂得孝顺父母。

因为人心都是肉长的，感情双方的付出，需要温情的呵护，这样才能使孩子和父母都感觉到幸福。一个不知爱的孩子，在对待朋友、同事等方面也会处理不好关系。

培养孩子懂得爱自己的亲人，不仅能使家庭和乐，更能促使孩子更好地处理人际关系，完善自我性情，获得人生的幸福感和满足感。

有一个著名的医学博士曾经告诉我，他之所以从事医学工作，也是因为接受了爱的教育。

博士的父亲是一个善良的乡村医生，每天都要出诊为病人看病，不管天气有多恶劣，不管是在酷暑还是严冬，都从不拒诊。

博士很崇拜自己的父亲。他说："有一次，我主动提出和父亲一同出诊，走了几十里山路，终于到了病人的家里。

"我父亲的病人是一位农妇，在给她看完病后，我父亲对她说，在他离开前，他相信她的病情会好转。否则，他就会一直待在那里。

"父亲握着农妇的手鼓励她，并且讲故事逗她笑。最后，当我父亲把她从床上扶起来时，那个农妇高兴地说：'医生，你可以走了，我感觉好多了。'父亲听到这话，才放心地离开。"

我想，相似的例子一定很多。父母和老师通过献出自己的爱、通过爱的表现，给孩子留下了深刻的印象，并且影响了孩子的一生。

然而，在现实生活中，孩子缺乏爱心，几乎成为一个公共的家教难题。许多父母还没有意识到缺乏爱心对孩子未来的影响，从而忽略对孩子爱心的教育，而有的父母不知道该如何培养孩子的爱心。

培养孩子的爱心究竟重不重要，毫无疑问，重要。一个没有爱心的孩子，必然对他人冷漠，无视别人的痛苦，并经常把自己的快乐建立在别人的痛苦之上。这样的孩子又如何能在社会上立足呢？无视社会公众的苦难，必然会被社会所抛弃。

孩子早期表现出来的关心和爱护他人的行为是孩子爱心的自然表达，但是如果孩子的这种行为不能得到父母以及周围亲人的及时鼓励和强化，孩子的这种爱心行为就会逐渐消失。

所以，父母一定要向那些愿意付出爱、奉献爱的父母和老师学习，孩子后天能不能成长为一个具有爱心的孩子，就看父母能否给予正确引导和教育。

在我们成人的心中，也一定存在着难以忘记的事情，这些事情在我们脑海中留下的记忆和科学知识在脑海中的记忆是一样的，只是各自的作用有所不同。

毫无例外，爱的记忆能给人带来积极的情感动力。默默奉献自己的一切、逆来顺受的母亲，为了家庭永远奋斗在外的父亲，满脸笑容、慈祥的祖父，喜欢唠叨、无条件爱自己的祖母，还有富有知识而又勤勤恳恳的老师，这些都会一直留在记忆中。

不管一个人学识有多高、社会地位有多高、取得的成就有多大，都会非常尊重并感激那些给他留下美好记忆的人。这难道不是最成功的教育吗？

» 给孩子一颗感恩之心

生活中有很多人总是不停地向外界索取，却不回报分毫；总是接受外界的给予，却永远不知道感恩。

许多孩子只知自己，不知爱别人，更别提知恩图报。孩子感恩心的缺失，一定要引起父母的重视。父母要从小培养孩子的感恩心，让孩子成为一个有良知的人。

感恩即知恩图报，它是一种处世哲学，也是一种生活大智慧。一个懂得感恩的人，不会斤斤计较、一味索取，任由自私自利之心膨胀。人能学会感恩，为生活曾经的赠与、他人的帮助而感恩，是一种健康的心态。

感恩，就是在得到恩惠后，将自己的感激之情流露，并努力去回馈施恩者。感恩就是一种态度，首先你要流露出感激之情，这是对施恩者的一种敬意；其次，你还要有去回馈的行动，这样才能算作一个完整的感恩行动。

心怀感恩的人，能够换一种角度去看失意、不幸，它不是一种心理安慰，更不是阿Q精神。感恩是用歌唱的方式回馈生活，将自己对生活的热爱、希望尽情流露、播撒。

感恩是一种回报，是一种钦佩。孩子感谢父母的付出，努力去回馈，就是孝顺；孩子感恩他人的帮助、生活的赐予，能够获得更广泛地扶持。

我不愿意让小斯宾塞成为不知感恩的人，表面上看来，这种人很占便宜，永远不吃亏，但事实上，他们只是一无所有的可怜虫。他们就算得到了很多财富，也不能让人生增加一丁点的乐趣。

我经常教育小斯宾塞，让他学会感激别人，哪怕是一丁点微不足道的善行。我们每个人都无法独自存活，我们必须依赖于外界。我们每天的衣食住行，我们每天看到的各种风景，都是别人付出劳动创造的。

举个最常见的例子，我们每天都接触的大自然，大自然给我们提供干净的水，给我们提供杀灭病菌的阳光，给我们提供维持生命的氧气，给我们提供各种矿物、植物和森林……明白了这些，我们才能知道生命的因果关系。

一般情况下，如果我们想得到某样东西，就需要付出相应的劳动或者从父母那里得到。然而，也有一些时候，我们却会无偿得到很多，比如素未谋面的人向你伸出援手、老师对你进行额外辅导、朋友发自内心地鼓励你等。

我一直都向小斯宾塞灌输这样一个信念：一个人必须学会感恩，只有懂得感恩，他才能获得真正的友谊，才能得到真正的关心。

孩子与他人交往，都喜欢更具感恩心的人。一个人，懂得知恩图报，会更具有人情味。在给予他人帮助时，内心也会更愉悦。

孩子具备感恩品质，会待人热情，注重人际交往。这种孩子，内心是善良的、温暖的，也更容易获取幸福。一个冷漠寡情的人，不易被人接受，也难以获得他人真心的帮助。父母要让孩子立足于社会，就该培养他具有一种更温暖、更让人容易亲近的品质。

生活中，能记住他人恩情，愿意"涌泉相报"的孩子，最终得到的会比付出的多。人都是有情感的动物，尤其是面对温暖的情感，会更加难以抗拒。这也是一个心怀感恩的人，能获得更多的帮助，收获更多幸福的原因。

父母想给孩子一个幸福的未来，就要注重培养他的感恩心。感恩，并不一定要回报以物质、精神上的帮助。常心怀感激，就是一种最好的心灵境界。

没有一个人是无所不能的，无所不能的只有上帝。

我不愿意让小斯宾塞成为一个不可一世、以为自己是宇宙中心的人，因为这样的人只会成为自己和他人的痛苦之源。

我深知，**一个没有感恩之心的人，总会把别人的给予、自己的收获视为理所当然的事情，却不考虑别人的善意付出，反而会为别人对自己的一点冒犯而斤斤计较。在这样的人心中，痛苦必然比快乐多，怨恨必然比感动多。**

一个人，如果内心无法平静下来，那他就很难把注意力长时间集中到一件事情上。而对别人充满感恩，怎能不让一个人远离心中的怨恨？

» 不要给孩子种下仇恨的种子

虽然我也希望我们可以生活在一个完美的世界中，但事实却一再提醒我，我们的社会仍然很不完美，存在着各种问题。潜在的不公、家庭的不幸、个人的遭遇都会影响到孩子。

并不是所有家庭都是幸福的，并不是所有的家庭都非常富足，生活得悠然自得。相反，我们总会遇到各种各样的问题。在孩子年幼时，我们要让他们远离这些问题。当孩子有了自我意识和判断力之后，我们就要悉心引导，让他得到正确的认识。

有一天，小斯宾塞放学回到家，显得非常伤心。我问他出了什么事情时，他告诉我，他的同学莎莎的父亲不幸去世了。

莎莎的父亲在镇上的一个建筑工地上工作。为了赚钱供莎莎读书，父亲每天都早出晚归，工作非常辛苦。莎莎很心疼父亲，总是非常认真地学习，希望用优秀的成绩换取父亲脸上的笑容。

就在这一天，小斯宾塞他们正在上课，邻居突然出现，叫走了莎莎。后来，小斯宾塞才知道，原来，莎莎的父亲去一个建筑工地偷东西，结果被人打死了。

看到父亲的那一瞬间，莎莎感觉自己的世界都崩溃了。她很爱父亲，非常痛恨那个杀死父亲的人。但是，这一切已经发生了，一切都无法回到过去。

小斯宾塞一边抽噎着，一边低声讲述着事情的经过。讲到最后，小斯宾塞泣不成声。

贫穷、粗野、无知、愚蠢、残暴，就像一座座大山迎面朝我撞来，以致我一时无语，说不出一句话来。

我努力调整了一下自己的情绪，然后就这件事和小斯宾塞聊了很久。我毫无选择、必须告诉他，在我们生活的世界上，每天都有很多的罪恶在发生。但是，我希望他不要因此产生仇恨，而要学会理智面对。

我们谈到了耶稣为人类赴死的经过，谈到人类如何钉住耶稣，如何用拳头和手中的石头击打耶稣。他们之所以这么做，不是因为他们很邪恶，而是源于他们很愚昧无知。想要彻底改变这样的情况，就只能不断地传播知识、传递爱。

我知道，仇恨会毁灭孩子的心灵、让孩子的心智受损，还会剥夺孩子内心的平静。成人有责任帮助孩子摆脱仇恨，告诉他圣经中的哲理，即人类是有罪的，当罪恶的念头出现时，人类自己或亲朋就会遭遇不幸，想要摆脱就要传播爱、普及知识，消除世间的贫穷和无知。

后来，我和小斯宾塞常常去看望莎莎。虽然杀死父亲的人也受到了相应的惩罚，但莎莎的内心仍然感觉非常痛苦。

看到仇恨如此折磨莎莎，使得她没有心思继续上学。如果一直这样下去，莎莎的人生必定会充满了不幸。

为了帮助莎莎从痛苦中解放出来，我一直给她讲述传递爱和知识的道理。后来，莎莎恢复了原本的状态，最后考上了伦敦神学院，开始了向世间传播爱的征程。

» 爱孩子，就要让孩子感觉到

爱孩子是一回事，孩子能不能感受到这种爱又是另外一回事。

要想让孩子拥有健康的情感，那么让孩子看到、听到、感觉到、触摸到别人对他的爱和信任，就是非常重要的课程。

然而，这一点对于一些人到中年的父母或者家风严肃的家庭来说，似乎很困难。但是，这种困难并非是因为这种爱不存在，或者这种爱没有表达的价值，而是因为他们不习惯这样做。

我想，也许每一位父母都会说，自己是非常爱孩子的。可是也会有许多孩子说，父母一点也不爱自己。原因就在于，父母没有主动把自己的爱表达出来。

对爱的理解上，孩子和父母会有差异。父母觉得管教是爱的体现，方式、方法并不重要，只要孩子能够按照自己的预想来做事，就心满意足了。而孩子年纪小，无法体味父母的苦心，他们更希望感受到父母的爱。

父母不会表达对孩子的爱，容易让孩子产生误解，觉得父母高高在上不能亲近，自己很难得到父母的爱。孩子对父母产生误解后，容易对父母的管教产生逆反心理。这样会使亲子关系恶化，也会导致孩子听不进忠言。

父母最忌讳用沉默来表达自己对孩子的爱。沉默对待孩子，就是金子也会被孩子看成黄泥。父母想成为孩子心目中的好父母，必要的语言沟通是不可少的。

父母主动表达出对孩子的爱，能够让孩子体会到爱的温暖。父母的爱能让孩子变得更勇敢、聪明、自信，是孩子健康成长的最佳营养品。父母不主动表达，孩子就体会不到，也无法受益。

我一直坚信，既然爱孩子，就一定要让孩子感受到这份爱，这样也能激发孩子产生相应的爱的情感。

有一次，我的朋友查理给我讲了一段他的亲身经历：

一天我下班回家后，像平常一样，一手端着咖啡，一手拿着报纸。突然，12岁的儿子出现在我面前，大声对我说："爸爸，我爱你！"

我一下子愣住了，之后的几秒钟，让我感觉特别漫长。我不知道自己该如何回答、该做何反应，是应该轻轻点点头吗？还是用亲切的语气答应一声比较好？有生以来，我感觉第一次这么窘迫。

到最后，我只好反问儿子："你真正想说什么？出什么事了？"

儿子笑了，什么也没说，就朝屋外跑去。我紧跟在他后面，把他叫进屋里。当我再问他是怎么回事时，他终于告诉我："这是老师要我们回家必须做的一个实验，你要是想知道到底怎么回事，就去问问我们老师好了。"

第二天，我去向儿子的老师询问，老师告诉我，学校只是想要了解一下，当学生对父母表达爱意时，父母会有什么样的反应。根据学生的回馈，大多数父亲和我的反应是一样的。

老师还告诉我，她觉得很遗憾的是，她的父亲从来没有对她说过"我爱你"。

我这时才发现，我们这些整日为了生活奔波劳碌的人，已经忘了怎么发现自己的感情，表达自己的感情了。我们早就应该认识到，孩子虽然需要食物和衣服，但他们更需要父亲口中的一句"我爱你"。这句话，我从没听父亲对我说过。

晚上，我和往常一样，走进儿子的房间，准备和他道一声"晚安"。在我开口前，我用一种男人特有的声音对他说："儿子，我也爱你！"

当时，我看到儿子的脸上闪现出惊讶的表情，但随即又沉浸在感动中。我不禁有些心疼：早知道这样，我应该每天都对儿子说"我爱你"的。

听完查理的故事，我的心也被打动了。有了爱，就要大声地说出来。当你把这样好的情感表达出来后，也能唤醒别人内心的这种好情感。

第二十章　父亲要发挥重要的教育作用

父亲，是引导孩子走向外界的指明灯。在教育孩子时，不管是个性培养，还是情感教育，不管是智力开发，还是品德养成，都离不开父亲的影响，这种影响是好是坏，作用都一样巨大。

对于孩子来说，他们不仅需要一位能够满足他们日常生活需要的父亲，更需要一位能给予他们精神满足的父亲。

如果孩子缺少这样的父亲，就会利用自己的想象力，幻想出符合他们需要的父亲。如果他们的父亲专制、残暴，他们就会在未来不断寻找宽容、平和的精神上的父亲。

我认为，在进行教育时，父亲肩上的责任非常重大。

然而在现实生活中，由于压力所迫，由于所受教育的不同，由于教育知识的匮乏，导致很多父亲特别专制，什么事都要求孩子服从，不尊重孩子的自尊、情感，引发了更多的问题。父教在教育中有着非常重要的地位。

» 父亲引领孩子走向外界

在一般人眼中，父亲的责任就是养活整个家庭，在孩子成长的过程中，父亲要提供一切物质条件，比如衣食住行、学费等。至于教育孩子的责任，则落在了母亲肩上。

我不知道，大家为什么都有这种观念，但我坚信，这种想法绝对是错误的。事实上，正是父亲通过自己的言行，引导着孩子走向外面的世界。也是通过父亲，孩子才会好奇地观察着自然、社会、趣事。

可以说，父亲带来的世界，是让孩子感觉更有趣的世界。所以，父亲要让孩子勇敢地探索、学习，这也是让孩子成长的必经之路。

很多人在说起关于父亲的事情时，总是会无意中流露出这样一点，父亲总是带着孩子走向未来的世界。

我在伦敦认识了朋友乔治，他通过不懈努力，终于成为英国很有名气的律师。一次，他告诉了我关于父亲的事情：

> 上中学时，我非常顽皮。有一次和一个同学发生争执，我在冲动之下用刀子扎伤了他，结果被判刑一年。
>
> 这对母亲打击很大，弟弟也整日愁眉不展，父亲倒什么话也没有说。一个周末的晚上，我们一家人吃晚饭时，父亲突然做出了一个让我们意外的举动，他号啕大哭起来，并且不停地责问自己："我们的教育到底失败在哪里？"
>
> 我后悔极了，我没有想到，自己的一次失误竟然让我喜欢、也最尊敬的父亲这么失望，以至于伤心地放声大哭。
>
> 这是我一次认识到，自己的不良行为带来如此严重的后果，同时也看到，由于自己的任性让家人也蒙羞。那一刻，我暗暗告诉自己，一定不能让这样的事情再发生。
>
> 父亲最初是个律师，在他竞选议员时，第一次、第二次都失败了。但父亲没有轻易认输，他又参加了第三次竞选，这次，他终于成功了。
>
> 父亲一直告诉我，自己要为自己的行为负责。
>
> 第二天，父亲亲自送我去管教所。由于昨天的大哭，他的眼睛仍然红肿着，但他的精神状态已然恢复了。父亲对我说："孩子，不要怕失败，坐着打哆嗦改变不了什么，想要改变，你必须行动起来。"

» 孩子的崇拜是父亲的教育优势

孩子天生就会崇拜父亲，这能很好地帮助父亲教育孩子。

通常，人们都会看到孩子喜欢黏着母亲，便以为孩子更爱母亲。约翰福伯斯爵士为了验证这个观点的正误，做了很多的心理实验，终于得出了结论：孩子喜欢父亲胜过喜欢母亲。

在孩子产生了依恋心理后，他对父亲和母亲的依恋程度是一样的。但是，当有其他人在时，孩子出于本能会把父母区分对待。

当父亲在时，孩子会微笑地看着父亲，嘴里咿咿呀呀个不停，而父亲也总会带给孩子很多趣事。随着孩子长大，父亲也表现出了严厉和粗暴，将孩子对父亲的依恋之情破坏殆尽。

在孩子看来，父亲总是积极的，他能主动解决所有问题。当家庭面对困难时，他能及时出现，并且化险为夷。故而孩子总是把父亲当作偶像，并且从父亲的这些言行举止中获得自信。孩子与父亲越亲近，就会越有安全感和自信心。

» 父亲要成为孩子的朋友和玩伴

父子之间的关系是很奇妙的，一方面是抚养人与被抚养人、教育者与被教育者的关系，另一方面又是对方的朋友和玩伴。

1岁时，孩子能感觉到父亲对自己的注意，此时，对于孩子的种种活动，父亲要多鼓励；2岁时，孩子开始断乳，与父亲的关系更加重要，孩子也变得相对独立；7岁时，孩子会寻找属于自己的朋友，此时，孩子的情感趋向稳定，如果父亲能成为孩子找到的第一个朋友就最好不过了。

父亲除了在平时要多注意孩子的言谈举止，还要了解孩子的内心在想什么，这样才能理解孩子，给他必要的支持，这样能帮助孩子提高感知外界和自省的能力。

在小斯宾塞上中学时，曾经发生过一件事，让我至今记忆犹新。当时，小斯宾塞的每科成绩都在同学之上，而他的数学和生物学更是优秀，知识量也大大多于同龄人。

有一次，小斯宾塞的数学成绩不是第一名，他觉得很不开心，就好像遭遇了重大的挫折一样。他想和我说说这件事，我耐心听了。

听完，我告诉他，因为每个人都不可能把每件事做到最好，所以第一名也不可能属于每一个人。

小斯宾塞问我："如果你遇到我这样的事情，你会怎么做呢？"

我想也不想地回答他："我肯定会去祝贺那个得第一的人。"

后来，小斯宾塞把这件事写到了日记里：

> 我就好像是听到了朋友温柔的建议，一点不觉得伤心，反而觉得很高兴，这种高兴无以言表。后来，我按照这个建议做了。
>
> 只是，让我没有想到的是，那个得第一名的同学脸上，竟然充满了感激。他为了得到第一名，整整努力了三年，就是因为我的存在，他才没有如愿。
>
> 我想，只有像孩子一样，经历了各种竞争的父亲，才能真正理解孩子。

传统教育文化中的很多价值观还在影响着当代父亲的教育思想。他们认为自己的地位是崇高和权威的，孩子是自己的，就应该按照自己的思想塑造孩子，而忽略孩子的实际情况。教育孩子时也是习惯于采用非打即骂、训斥、发号施令等方式。

这样既不会取得理想的教育效果，还会破坏亲子关系的和谐，使孩子从心理对父亲产生抵触情绪，甚至会使孩子产生逆反心理。

如今是一个大力提倡平等、民主的社会，对人才的独立性、创新性也提出了更高的要求，而这些素质的具备，需要一个和谐的家庭氛围才能得以实现。这也对父亲提出了新的教育课题。**父亲要从思想上改变君臣父子的观点，将孩子置于和自己平等的位置。**

因此，父亲更要做孩子的朋友，这就需要深入理解孩子，了解孩子的情绪发展、生活和学习中的困惑，用自己的人生经验对孩子的成长做出科学的指导。

信任孩子，做孩子的朋友，能够激发孩子内心努力的动力，帮助孩子获得快乐的情感体验。孩子会在父亲的信任和理解下，一步一个脚印地走向成功，实现自己的梦想。

我建议，所有做父亲的，应该用自己的人生经验、用好的教育方法对待孩子，像与朋友一般快乐地交流。

孩子失败时，告诉他：没关系，可以重新开始。

孩子被不公正对待时，告诉他：你没有错。

孩子悲观时，告诉他：成功离你不远了。

孩子怨恨时，告诉他：大家都会犯错，你要宽容别人。

» 不要以统治者的身份对待孩子

在传统家庭中，父亲总是居于统治地位，是整个家庭的统治者。由于不愉快的精力或者身体上的疲劳，父亲常常会毫无缘由地对孩子大发雷霆，让孩子的整个身心都处在恐惧当中。

人们总习惯强调母爱在教育孩子过程中的力量，事实上，父爱的力量同样也是伟大的。就像鸟儿起飞需要两个翅膀一样，母爱和父爱都是孩子的心理需要，缺一不可。

现实生活中，很多父亲选择的是追求自己的事业，为家庭创造更好的物质条件。教育孩子的任务主要交给母亲来完成。他们在教育孩子中的意义逐渐被淡化。这样既不利于建立良好的家庭关系，也不利于孩子身心的健康发展。

父亲和母亲的教育结合起来才是最好的家庭教育。父亲要意识到自己在孩子成长中的特别意义。要知道，缺失父爱的孩子身体和智力发育比其他孩子要差。

父亲对孩子成长起着至关重要的作用，其中所包含的不仅仅是对孩子的抚养，更重要的是父母对孩子的性格和心理品质的培养。父亲身上所具备的勇敢、坚强、博大等优秀品质都是孩子所要学习的。

缺少父亲的教育，对孩子的心理健康会产生不利的影响。**孩子在成长过程中如果缺少父亲的参与，男孩容易变得女性化，女孩容易依恋年长男性，或者惧怕、不信任男性。**

父亲是孩子成长过程中不可缺少的角色。父亲要意识到自己在孩子成长过程中的意义不仅仅是为孩子提供优越的物质条件，还有更多的任务等着自己去完成。

然而，在现实生活中，父亲却要求孩子必须听他的话，就像士兵服从上级的命令一样。但是，如果孩子真的事事听从他的安排，他又会责备孩子不懂变通。

父亲要求孩子锻炼口才，要像演说家一样能说会道，以便能在他人面前为自己争光。如果孩子做到了，他又觉得孩子像绣花枕头，中看不中用。

父亲希望孩子身体非常强壮，甚至强壮到打败一头牛。但是，当孩子狼吞虎咽时，他又觉得孩子的吃相不好看……

总之一句话，孩子不管怎么做，都无法让父亲满意。这样的父亲，没有任何娱乐活动，总是担心家庭的未来，体罚孩子的次数多得数不过来。

如果孩子一直和这样的父亲在一起，无疑是一种巨大的不幸。孩子只能有两种结果：一种是背离父亲的期望，成为一个毫无出息的庸人；一种是表面服从，内心却充满了叛逆的思想，当机会来临时，便会立刻出走。

如果一个父亲真的想让孩子获得幸福，就不能在家中颐指气使，胡乱发泄自己的情绪。家庭就是一个小王国，在君主的专制统治下，臣民只能成为内心不满的奴隶，不可能成为有思想的人才。国内会反抗不断，永远没有平静的时候。

我认为，与大自然的生长规律一样，在教育孩子时，需要和谐渐进地发展，也需要一定的等待。如果变化过于急速，要求过分急迫，反而有害。所以，在必要的时候，父亲要放下自己的架子，给孩子成长的快乐。

父亲要经常反省一下自己是不是合格称职的父亲，是不是对得起"父亲"这个称号。很多父亲都以工作繁忙没有时间教育孩子为由推脱自己父亲的责任，还有的父亲以为自己拥有绝对的权威，和孩子之间有严格的地位差距，这都不是称职父亲的所作所为。

小草没有水的滋养，一定会渐渐枯黄，但毕竟还有死而复生的机会；但如果小草遭遇洪流，就会失掉生存的希望，因为小草的根和依附的土地都不复存在了。

　　在教育孩子时，父母和老师一定要给孩子充足的水和阳光、养料，让孩子可以健康、茁壮地长大。

图书在版编目(CIP)数据

斯宾塞的快乐教育 /（英）斯宾塞著；成墨初,李彦芳编译.
–武汉：武汉大学出版社，2014.11（2022.3重印）
ISBN 978–7–307–12677–0

Ⅰ．斯… Ⅱ．①斯… ②成… ③李… Ⅲ．家庭教育
Ⅳ．G78

中国版本图书馆CIP数据核字(2014)第004113号

责任编辑：陈　岱　　责任校对：胡贵春　　版式设计：文豪设计

出版发行：武汉大学出版社　　（430072　武昌　珞珈山）
　　　　　（电子邮箱：cbs22@whu.edu.cn 网址：www.wdp.com.cn）
印刷：北京一鑫印务有限责任公司
开本：787×1092　1/16　　印张：13　　字数：190千字
版次：2014年11月第1版　　2022年3月第4次印刷
ISBN 978–7–307–12677–0　　定价：45.80元